HEYNE ‹

Bernd Brucker, Jahrgang 1969, arbeitete nach dem Studium der Germanistik und Anglistik in Augsburg und der Kunstgeschichte in Vancouver, Kanada, in einer Werbeagentur im Allgäu. Seit 2002 lebt er als freier Autor und Texter in Augsburg.

BERND BRUCKER

Der ANGLER hatte einen KÖTER ins WASSER geworfen, aber NIEMAND biss an

Die schönsten Stilblüten von
Schülern und Lehrern

WILHELM HEYNE VERLAG
MÜNCHEN

Quellen
Viele Zitate stammen aus der Schülernachhilfe, einige wurden von befreundeten Lehrern zur Verfügung gestellt, wieder andere kommen aus dem Internet, wo sich sowohl Schülerforen als auch diverse Sprüchesammlungen als wahre Fundgrube erweisen.

Verlagsgruppe Random House FSC® N001967

3. Auflage
Taschenbucherstausgabe 10/2014
Copyright © 2014 by Wilhelm Heyne Verlag, München,
in der Verlagsgruppe Random House GmbH
Umschlaggestaltung: Nele Schütz Design, München
Redaktion: Johann Lankes
Satz: Schaber Datentechnik, Wels
Druck und Bindung: GGP Media GmbH, Pößneck
Printed in Germany

ISBN: 978-3-453-60304-2

Inhalt

Ich werde während des Unterrichts stillen und leise sein

Ja, die Schule ist auch nicht mehr das, was sie einmal war! Zum Glück! Ein großes Dankeschön dafür gebührt nicht zuletzt den vielen engagierten Lehrern, die ihren Schülern dabei helfen, eine immer komplexer werdende Welt zu verstehen. Die Lehrer von heute – Ausnahmen gibt es leider immer noch – haben ein anderes Selbstverständnis als früher. Sie sehen sich nicht mehr als die Hüter der Weisheit und ihre Schüler nicht mehr als die kleinen dummen Wesen, die es zu formen gilt. Auf der anderen Seite sind auch die heutigen Schüler nicht mehr dieselben wie früher. Den Lehrer zu hinterfragen ist für sie nichts Ungewöhnliches, sie trauen sich oft mehr und sie trauen sich auch mehr zu. Ob das in jedem Fall gerechtfertigt ist, ist eine andere Frage, aber allgemein lässt sich beobachten, dass der Unterricht im Vergleich zu früher emanzipierter geworden ist. Eine einst von einem Schüler zum Thema Schulalltag formulierte Weisheit gilt nur noch eingeschränkt:
Sei bereit, dich an deinem eigenen Verstand zu vergreifen!

Der einzige Pfeiler, auf dem das Heim ruht,
ist die Leiterin.

Die Feier begann mit einer Bolognese in den Festsaal.

Als der zweite Zug auf den Festplatz zog, gingen
blau-weiß gekleidete Mädchen an der Spitze.
Das waren die Jungfrauen. Beim Rückzug war das
nicht mehr der Fall.

Frau M. war Rektorin an meiner alten Schule,
aber jetzt rektoriert sie hier.

Am wichtigsten scheint es zu sein, dass der Direktor
immer wieder den Monolog mit der Jugend sucht.

*In der Schule muss man immer
an der Pfeife des Lehrers tanzen.*

Lehrer haben nach der Erhaltung vom Beamtenstatus
einfach keine Lust zu studieren.

Die Lehrer sollen nicht aufgrund ihrer finanzen oder
Intillienz auswählen, wer welche Schule besucht.

Er gab ihr einen Schlag auf den Kopf und wandte sich
dann anderen Hausmeisteraufgaben zu.

Es gongte – und der Lehrer ging ein.

Ich strömte gleich als Erster durch das Schultor.

In der ersten Klasse bekamen wir Lesen, Schreiben
und Rechnung.

8

Schau mal Frau Lehrerin, bald fallen meine Milchzähne
aus, dann bekomme ich endlich Fleischzähne!

SCHÜLER: »Wie alt bist du?«
LEHRERIN: »24.«
SCHÜLERIN: »Boah. Dann bist du die nächste,
   die nach meiner Oma stirbt.«

Habt ihr keine Jungs als Lehrerin?

Ich habe keinen Duschlehrer, sondern eine Duschlehrerin.

Meine Lehrerin ist mittelgroß, blond, korpulent und
schlank.

In unserer Klasse müssen wir immer so sitzen,
dass der Lehrer auch die Hintern sehen kann.

Der Stuhl des Lehrers war
dunkelbraun und weich.

In der Schule habe ich ein gutes Verhältnis mit den
Lehrern und Mitschülern.

Deshalb bin ich gegen die Einheizkleidung an Schulen.

Ein Baby bekommen? Das geht doch gar nicht. Die ist
doch eine Lehrerin. Nur Frauen bekommen Babys.

Nachdem unsere Lehrerin 20 Minuten lang vergeblich
versucht hatte, uns zu stillen ...

Ich nahm an einem Schreibmaschinenkurs teil,
den ich mit 165 Schlägen in der Minute beendete.

Was ist denn ein Folterabend?

Die Schüler saßen wie auf Nadeln. Nervös rutschten
sie auf ihren Sesseln hin und her.

Zuerst musste ich das Licht leiser machen,
dann ließ der Lehrer den Film laufen.

Am Anfang des Filmes sieht man neben den
Schülern auch noch ein großes Schulgebäude und
deren Eingangstor.

**Beschwerde einer Busgesellschaft, bei der
Busse für Schulausflüge gebucht wurden:**

**»Bitte achten Sie ab sofort darauf,
dass sich die Schüler nicht dauernd auf den
Einzelsitzen paaren!«**

Am Wandertag mussten wir uns um acht Uhr
versammeln. Ich kam etwas später und versammelte
mich deshalb schon früher.

Wir wurden in zwei Gruben eingeteilt und jeder musste
sich zu seinem Haufen stellen.

In unserer alten Klasse mussten wir auf der Klassenfahrt
immer schweigend schlafen.

Morgens um Acht fuhren wir mit unseren Rädern los.
Da merkte ich plötzlich, wie mir der Pudding hinten
rauslief.

Einige Mitschüler mussten geschockt zur Seite springen.
Dem Lehrer gelang es aber nicht mehr, einen Seitensprung
zu machen.

Dann kamen wir an ein Wirtshaus, wo unser Lehrer
für alle eine Cola fliegen ließ.

Auf jeder Bank saßen zwei Suppentöpfe und zwei
Mädchen.

Wir verspeisten unsere Habseligkeiten.

Das Wetter war sonnig. Das war gut für die Wirte,
die im Sommer ihre Geschäfte draußen machen.

Ich erzählte, dass der Wirt einen Bruder hat und
dass der einen BMW fährt und der einen wadenlangen,
weißen Ledermantel trägt.

Erst war es in dem Dorf noch ziemlich schön. So grün.
Und dann kamen die Terroristen auf die Alm.

In der Küche gab es zu essen, und im Schlafraum gab
es zu schlafen.

Bei diesem Schullandheim gab es aber auch ein Mädchenzimmer, welches mit meinem Cousin in die Klasse gehen.

Auf der Projektwoche wurden die Kinder mit köstlichem Essen verlegt.

Wir haben unseren Mitschüler geschinkt.
Wir haben seine Lippen rot angemalt und seine Augenklappen blau.

Ich gefiel mir nicht als Burger.

Das 15-Punktesystem gibt es erst ab Klapse 11.

Lieber 0 Punkte als gar keinen!

Fahren wir heute in die Pädagoge?

Themenbesprechung: »Warum machen wir denn nicht Kindesmissbrauch, oder hat das in Ihrer letzten Klasse nicht geklappt?«

SCHÜLER: »Schreiben wir heute den Test?«
LEHRER: »Ja!«
SCHÜLER: »Schriftlich?«

LEHRER: »Was ist Notwehr?«
SCHÜLER: »Wenn ich bei der Schulaufgabe
    abschreibe.«

Der Stift ist mir aus den Fingern gewichen.

Wir leerten unsere Köpfe mit Antworten.

Die Lösungen der Aufgaben legen wir jetzt am besten durch Mehrheitsbeschluss fest!

Lehrer beim Zurückgeben der Klassenarbeit: »Ich habe drei Haufen gemacht. Und wenn das Lachen nicht aufhört, setze ich noch einen vor die Tür.«

Es wäre schön, wenn wir Schularbeiten im Bett schreiben könnte, denn da kann ich mich am besten konzentriert.

Heute habe ich bei der Mathe Hausübung einen vorzeitigen Motivationsuntergang gehabt.

Ich setzte mich zu meinem Computer, doch der wollte heute nicht bedient werden. Jedesmal Einschalten meldete er einen anderen Fehler.

Die Computer in der Klasse gehen aber gar nicht mehr – die haben Würmer!

Ich kann deine Fragen nicht beantworten, weil ich deinen Brief verschlammt habe.

LEHRER: »Hast du Geschwister hier?«
SCHÜLER: »Ja, eine Schwester!«
LEHRER: »Wo ist der?«

LEHRER: »Diesen Ausdruck: ›Du bist scheiße‹,
  habe ich wirklich noch nicht gehört.«
SCHÜLER: »Kein Wunder, wir Siezen Sie ja auch.«

FRAGE: »Wer weiß ein Wort mit ›A‹?«
ANTWORT: »Ich weiß eins, aber das sag ich lieber
  nicht.«

FRAGE: »Wer weiß, was Reisig ist?«
ANTWORT: »Ich glaub, das hab ich schon mal
  gegessen.«

SCHÜLER ZUM LEHRER: »Warum soll ich zu dir Sie sagen,
  wenn du ein Er bist?«

SCHÜLER: »Gehen wir eigentlich in den Zoo oder
  in den Tierpark?«
LEHRER: »Aber das ist doch das Gleiche.«
SCHÜLER: »Nein, im Zoo gibt es Fritten und
  im Tierpark nicht!«

Hat jemand einen Anspitzer für Dicke?

LEHRER: »Wo ist dein Stundenprotokoll?«
SCHÜLER: »Ich hab das mündlich gemacht!«
LEHRER: »Super Ausrede!«
SCHÜLER: »Ja, mir ist so schnell keine andere
  eingefallen.«

Das Klassenbuch hat eine ... ähm ... Mit- ... ähm ...
Klassenmitgliederin abgeholt.

FRAGE SCHÜLER: »Könnte ich am Dienstag einen Termin
bei Ihnen bekommen?«
ANTWORT LEHRER: »Dienstag geht nicht, da bin ich den
ganzen Nachmittag dicht.«

Diese Regel gilt immer! Wir werden nämlich später
Beispiele sehen, wo sie nicht gilt.

Ja, ich weiß, ich habs vorhin so erklärt,
aber die Logik ist jetzt doch anders.

Ich mache jetzt weiter, obwohl ich gestört bin.

LEHRER: »Wisst ihr, dass bei jedem Atemzug, den ich
mache, ein Mensch stirbt?«
SCHÜLER: »Haben Sie es schon mal mit Zähneputzen
probiert?«

Junge Lehrer sind gut, alte Schüler sind langweilig.

Das seht ihr auch, wenn ihr Zeitung hört.

Der offizielle Teil ist nun vorbei. Wer bleiben will,
kann jetzt gehen.

Ihr könnt schon gehen, aber lasst die Tür zu!

Bevor ihr geht, müsst ihr noch die Tafel löschen.

Auch dieses Jahr werden wir am Ende des Schuljahres eine
kleine Feier verunstalten, bei der es lustig hergehen wird.

Es sollte öfter Unterrichts-entfällung geben!

Über die Schule kann man viel Positives sagen: Man trifft dort viele Gleichaltrige, im Unterricht passieren viele interessante und manchmal lustige Dinge, meistens lernt man etwas und vielleicht hat man sogar Spaß. Unbestritten ist aber auch: Man verbringt dort viel Zeit. Zeit, die man nicht anderweitig nutzen kann, kostbare Lebenszeit, die man aus Sicht eines jungen Menschen so viel sinnvoller verbringen könnte. So ist es denn auch kein Widerspruch, dass so mache Schüler zwar gern zur Schule gehen, aber eben nicht immer. Natürlich gibt es diese Tage, an denen man lieber die Schulbank drücken würde als krank daheim im Bett zu liegen. Es gibt auch jene höheren Mächte, die einen gelegentlich davon abhalten, das zu tun, was man eigentlich tun sollte. Aber es gibt auch diese speziellen Tage, an denen jeder – zumindest jeder noch minderjährige – Schüler froh ist, in seinen Eltern einen Verbündeten zu finden.

Ich sehe in den hinteren Reihen einige, die nicht da sind.

Wir haben 14 Wochen Osterferien.

Unsere Lehrerin ist krank, der hat ne Hexe in den
Rücken geschossen.

Wir hatten einen milden Winter. Unser Lehrer war
sieben Wochen krank.

Die Mutter müsste ihrem Sohn verklären, dass Schule
auch ganz interessant sein kann.

Sie brauchen die Stunde nicht halten. Sie sollten sich
frei machen.

Hiermit entschuldige ich mich für Ihre Stunde am ...

LEHRER: »Warum sind Sie gestern nicht gekommen?«
SCHÜLER: »Mein Ohr hat nicht geklingelt.«

Eine starke Müdigkeit fesselte mich ans Bett,
und ich hörte nichts, so auch meinen Wecker.

*Ich komme morgen erst zur 3. Stunde – ich
muss zum Psychopathen.*

Mein Freund kommt heute nicht zum Unterricht;
er hat Margarine.

Bitte entschuldigen sie meine Tochter. Sie konnte nicht
zur Schule, da sie beim Kifferortophäden war.

Mein Sohn kann heute nicht in die Schule,
weil er die ganze Nacht gespukt hat.

Die Marie kann nicht woanders übernachten.
Sie hat Nachtwanderung.

Mein Sohn konnte nicht am Unterricht teilnehmen,
da er unter einer lebensbedrohlichen allergischen
Erektion litt.

Meine Tochter konnte wegen eines fiebrigen Defekts
nicht am Unterricht teilnehmen.

Mein Sohn Maximilian war an Zugsverspätung erkrankt.

Mein Sohn Willi hat das Pferd getreten und konnte
deshalb nicht in die Schule kommen.

Bitte entschuldigen sie das gestrige Fehlen meiner
Tochter Anna, weil die kleine Sau geschlachtet werden
musste.

*Du bist einfach nur dummm, mehr fehlt
mir zu deiner Inteligenz nicht ein.*

Die Freizeit ist zur Erholung der Schule da.

Leo Tolstoi ist der Chef
der Schülerzeitung

Warum muss man in der Schule eigentlich die eigene Muttersprache lernen? Die spricht man doch eh schon! Ein Argument, das regelmäßig aus der Kiste geholt wird und Deutschlehrer ebenso regelmäßig zur Verzweiflung und in Erklärungsnot treibt, was angesichts der Vielzahl möglicher Antworten und angesichts der tatsächlich gebotenen Leistungen nicht verwundert. Sind nicht eben die diversen Fehlleistungen Ausdruck dafür, dass man als Lehrer sein Ziel – sagen wir einmal knapp – verfehlt hat? Vielleicht ist es eine besondere Eigenheit gerade von Deutschlehrern, alles immer aus den unterschiedlichsten Perspektiven sehen zu wollen. Gelegentlich führt dieses Alles-hinterfragen-Wollen sogar so weit, die eigene Tätigkeit in Frage zu stellen. Man kann's aber auch einfach mit Humor nehmen.

Sprachlich gesehen ist Deutsch eine der schwersten zu erlernenden Sprachen.

Die Ursache hierfür kann verschiedene Gründe haben.

Ist »S« ein kurzer oder ein langer Vokal?

»Überall« wird mit zwei »l« geschrieben, weil man die Mehrzahl bilden kann, zum Beispiel »überalle Berge«.

Ich weiß natürlich schon lange, dass man ein Hauptwort groß schreibt, aber woher soll ich wissen, was ein Hauptwort ist?

LEHRER: »Diese Namenwörter stehen in Einzahl.
    Und diese in ...? Mehr...?«
SCHÜLER: »...schweinchen!«

FRAGE: »Wie nennt man Wiewörter noch?«
ANTWORT: »K, äh, K, Kondome?«

Hell ist ein Adidas, denn man kann es steigern.

Adjektive kann man versteigern.

»Eine« ist ein unbekannter Artikel.

»..., das an der Ecke steht«, ist ein Relativsatz, weil man nämlich relativ genau weiß, wo das Auto steht.

LEHRER: »Wenn ich sage: ›Dein Vater hat Geld.‹
    Was für eine Zeit ist das?«
SCHÜLER: »So um den ersten rum.«

Was ist denn die Vergangenheitsform von Stereoanlage?

Warum schreibt man freuen eigentlich nicht mit äu?
Das kommt doch von Frauen!

Bei fremden Wörtern und beim freien Schreien macht sie jedoch noch viele Fehler.

FRAGE: »Welches bekannte Fremdwort kommt denn von den Vandalen?«
ANTWORT: »Sandalen!«

FRAGE: »Welches Wort steckt in Regalien?«
ANTWORT: »Alien!«

Ein weiterer Nachteil ist, dass flüchtige Informationen an Bildschirmen dazu führen, dass Schüler nicht mehr lesen und verstehen von Texten können.

LEHRER: »In Deutschland soll es ca. 4 Millionen Analphabeten geben.«
SCHÜLER: »Und wissen Sie, was das Krasseste ist? Manche von denen können noch nicht mal lesen!«

LEHRER: »Was versteht man unter einer Bahnunterführung?«
SCHÜLER: »Kein Wort, wenn ein Zug drüberfährt.«

Wir mussten einen Aufsatz machen. Der Lehrer schüttelte den Kopf. Derselbe war ganz lückenhaft und von Flüchtigkeitsfehlern durchzogen.

Weil ich gerne lese schreibe ich one brobleme Afsetze.

Die Hauptsache, wenn man einen Aufsatz macht,
ist das Anstreichen.

Vor allem kommt es auf ein gutes schriftliches
Ausdrückungsvermögen an.

Mit dem Füller zuckend, stürzte sich Patrick gierig
auf die Arbeit.

Fehler dürfen nicht in den Bericht geklatscht werden,
sondern müssen mit viel Toleranz geschrieben werden.

Man sollte einfach aufpassen, denn manche Fehler
sind hinterher nicht mehr auszukorrigieren.

Französisch ist wie Deutsch ... nur anders!

Hebräisch wird von hinten herein geschrieben.

Im Koreanischen gibt es keine unterschiedlichen
Betonhöhen.

Ein wahrloser Gebrauch von englischen Wörtern
ist unnötig.

Zusammengefasst bin ich der Meinung, dass man
eine Fremdsprache erlernen sollte.

Die vor-gans-beschreiung

Sobald man die ersten Hürden des Lesen- und Schreiben-
lernens erst einmal genommen hat, steht der zukünftigen
Karriere als Sprachgenie nur noch wenig im Weg. Wäre es
nicht ein Traum, alles, was man sieht, denkt und fühlt,
einmal mit eigenen Worten ausdrücken zu können? Ist es
einem Lehrer gelungen, seine Schüler mit dieser verlockenden
Idee zu infizieren, dann hat er so gut wie gewonnen – und
muss zu seinem Erstaunen feststellen, dass die Grenzen, die
die Sprache dem Schreiber theoretisch setzt, in der Praxis so
manches Mal mit Leichtigkeit einfach hinweggewischt
werden.

Die Renovierungen schreiten voran. Die Sanitäter
machen gerade die Klos.

Die Reifen werden ans Auto mutiert.

Man braucht einen Akkuschraubbär.

Anton schlug den Hammer und den Nagel in die Wand.

Der Turm und der Wachposten halten Wache.

Ein Blind Date ist, wenn Sie zum Beispiel ein Mädchen ins Kino einladen und die so hässlich ist, dass Sie sich die Augen zuhalten müssen!

Ein Hörbuch ist ein Buch mit Knöpfen an der Seite, und wenn man da drauf drückt, kommen Töne raus.

Wir haben heute morgen strahlendblauen Sonnenschein.

An heißen Sommertagen gehen viele Menschen in den Wald, weil es dort kühl ist. Das tun auch viele Pflanzen, weil sie Schatten brauchen.

Wir sahen lange einem Angler zu. Er hatte einen Köter ins Wasser geworfen, aber niemand biss an.

Er geht unter und bekommt keinen mehr hoch.

Nach dem Vorfall wurde der Hundebesitzer aufgefordert, einen Maulkorb zu tragen.

Hundebesitzer müssen ihre Hunde an der Leine führen, sonst kommen sie ins Tierheim.

Am 15. 6. bis 22. 6. ist über Nacht ein Gewitter gekommen.

Es war ein herrlicher Tag wie jeder andere.

Das Schweigen war laut und deutlich zu hören.

Ein Schnurrbart, der in der Tür sichtbar wurde,
rief mit polternder Stimme: »Fahrkarten, bitte!«

In seinem mittleren Mund steckt eine Zigarette.

Er nahm einen tiefen Zug und atmete das Meer ein.

Der Mann hatte eine normalgebaute Statue.

Er hatte blaue Augen, die gelangweilt in der Gegend
umherwanderten.

Die Augen quollen ihm aus dem Mund.

Außerdem trug er einen kacki-farbenen Mantel.

Unter der Bodentreppe lag ein Luftballon. Der dicke Mann
fiel mitten hinein. Dabei platzte er mit lautem Knall.

Er hat dunkelbraunes, buschiges Augenbraun.

Die blauen Augen mit dem wachsenden Bart sind
unverkennbar.

Der Mann ist reich, geschweige denn wohlhabend.

Er schlägt sich auf das rechte Knie, welches mit einer
gemusterten Hose bekleidet ist.

Die Hose wird mit einem Reißverschluss und einem
Kopf geschlossen.

Karl ist eine Zwiebelsuppe.

Der Mann ist sehr klein und dick. Er ist auch sehr alt:
40 Jahre!

Er ist sehr eifersüchtig und impulsant.

Er ist auch sehr umgänglich mit Fremden, wenn er sie kennt.

Mit seinen 300 Euro im Monat, konnte er sich keine
großen Seitensprünge leisten.

Spät nachts kam er angetaumelt nach Hause.

Mit lechzender Zunge klopfte der Mann an die Tür.

Ein altes Gesicht steckte den Kopf durch die Tür.

Er zündete den Kerzenhalter an.

Da standen 8 Kerzen brennend und alle sangen:
»Hoch soll sie leben!«

Eine Frau, die sich jetzt vor einem Frisiertisch mit einem
Spiegel die Haare fönt, trägt ein Nachthemd.

Im Hintergrund steht ein Tisch mit vielen Schminksachen
und einem Spiegel. Beide haben einen Morgenmantel an.

Sie hat kurze blonde Haare und eine gärtenschlanke
Figur.

Die Frau scheint ziemlich purpolent zu sein.

Sie hat keinen Humor und ist starköpfig.

Sie ist nicht verheiratet und verdient genauso viel wie ihr Mann.

Ihre mittelbraunen Haare rahmen ihr Gesicht mit Pausbacken ein.

Sie hat dunkle Schuhe an ihren O-Beinen.

Außerdem trägt sie noch eine Möhrenhose.

Wie jeden Morgen steigt die Frau mit dem Gesicht nach unten ein.

Dann hob sie den linken Arm, über dessen Schulter sie schaute.

Sie guckt wieder mit dem Finger.

Nach dem Seitensprung konnte sie ihrem Mann nicht mehr in die Augen treten.

Nachdem sie den Brief abgeschickt hatte, probierte sie ihn anzurufen. Leider war er aber nicht zuhause.

Sie war am Boden zerrstreut.

Wir sehn uns wieder wenn ich meine Klamotten voll hab.

Sie sprang ins Meer und schwamm zu Fuß nach Hawaii.

Die Matrosen riefen: »Siff a Heu!«

Die Seeleute sind wochenlang auf Fischfang, danach werden sie tiefgefroren und im Hafen ausgeladen und verschickt.

Die Fische waren ausgestiegen und wuschen ihre Netze.

Felix Mitterer, geb. 1949 in Achenkirch als uneheliches Kind einer verwitterten Kleinbäurin.

Der alte Mann hat noch eine ganze Menge grauer Haare auf seiner Vollglatze.

Das ist doch nicht auf seinem Kopf gewachsen!

Da war ein kräftiges, deutliches Kopfschütteln zu hören.

Ja, aber dass der Mann hässlich ist, muss man ja nicht extra hinschreiben, oder? Ich mein, mit 50 ist doch jeder hässlich.

Er trägt eine grün-blau-grau-gelb gemusterte Thermosjacke.

An den Füßen trägt er eine braune Cordhose mit einem braunen Gürtel.

Von den Schultern bis zur Hüfte, quer durch den Körper, trägt er eine Tasche.

Die Jeansjacke hat eine Hüftenteilung.

Die Klamotten sind nicht sein Markenzeichen,
da er sich nicht großartig um seinen oberen und unteren
Teil des Körpers kümmert.

Nachts hörten wir das quarken der Frösche.

Der Indianer kackte munter Holz vor seiner Hütte.

Er gab dem Gaul ein Zeichen und der rannte wie geölt.

Er brachte sein Pferd zum Stehen und kam plötzlich um.

Die Pferde leben alle zusammen in einem
Zweiraumgruppenstall und sind nicht geschlagen.

Walzen wälzten die Straßen.

Der Herr tritt die Villa ein.

Im Sommer herrschte große Trockenheit.
Der Bach floss leer dahin.

Er benutzte seine Hände, um den Garten zu bewässern.

Es fängt am regnen.

Tösend wie ein Monster stampfte das Wasser ins Tal hinein.

Die Niagarafelle.

Das fröhliche Kind weinte bitterlich.

Es taut. Der Schneemann war weg. Er hatte nur einen kleinen Haufen hinterlassen.

Seine Familie war Bauer.

Die Bauern lassen die Tiere auf eine Wiese, die mit Teichen gefüllt ist.

Er hat sich tief in das Buch gelesen.

Kinder kommen heute leicht an Konsumgötter, die sie einnehmen können.

Und als er das sieht, schissen ihm die Gedanken in den Kopf.

Nun ließ der Bub seiner Phantasie freien Auslauf.

Am nächsten Tag kaufte Ilse einen Käfig und Futter mit drei Vitaminen. Sie streichelte es stundenlang.

Sie warf das Packerl sofort weg und schimpfte mit ihm.

Jonas öffnete die Tür des Papageis und dann flog er davon.

Alle, die an diesem Tag dafonflogen, mussten danach in die Züchatrie.

Die drei reisten durch den tropischen Urlaub in Richtung
Guatemala.

Der Vater versuchte weiterzulaufen,
aber es ging ja nicht, weil er am Baum hing.

Dann mussten der Bauer und seine Frau ihren Hof
aufgeben und als Knaben auf anderen Höfen arbeiten.

Sie rollten sich wie Igel am warmen Ofen in ihre
Gänsehaut.

Mit Discotieren kommt
man aber nicht immer weiter

Eine gepflegte Argumentation gilt bei uns als die angemessene Form, seine Meinungsverschiedenheiten auszufechten, was gleich mehrere Vorteile hat. Man lernt erstens, seine eigenen Gedanken zu ordnen. Man erhält zweitens die Möglichkeit, beim Ordnen oder spätestens beim Diskutieren den eigenen Standpunkt noch einmal zu überprüfen und gegebenenfalls anzupassen, und man trägt drittens keine körperlichen Schäden davon, wenn sich die eigenen Argumente im Vergleich mit denen des Kontrahenten im Nachhinein als die schwächeren erweisen sollten. Allerdings sieht die Argumentationspraxis in der realen Welt oft anders aus als die Schultheorie, und wer kann den Schülern ernsthaft einen Vorwurf machen, wenn sie bei ihren sprachlichen Äußerungen Anleihen aus der Wirklichkeit nehmen und ihren Vorbildern aus den Medien nacheifern.

Bei den Lokalnachrichten weisen die Leute auf einen günstigen Kauf oder Verkauf hin oder sie melden in einer Todesanzeige, dass sie gestorben sind.

Eine fett gedruckte und zensierte Schlagzeile zieht den Leser an sich.

Die kleinste Gemeinheit ist die Familie.

Gerade in den Dörfern haben die Kinder normalerweise Mütter und Väter.

In der Familie sind die Menschen ja meistens verwandt.

Die Nachkommen haben das gemacht, weil die Vorkommen das auch schon gemacht haben.

Heute ist es nicht mehr so schlimm wie früher, wenn man ein unehrliches Kind bekommt.

Wenn sie ihre Kinder kriegen, sind die Eltern meistens zu alt, um ihre Gewohnheiten zu ändern.

Wenn einer als Pferd geboren wird, so kann er das nicht ändern. Er bleibt ein Pferd, bis er stirbt.

Erziehung bedeutet, wenn Eltern nur leibeigene Kinder erziehen.

Die Eltern sollten dafür sorgen, dass sie das Kind richtig führen. Das nennt man Führsorge.

Man muss den Eltern mehr gehorchen als den Menschen.

Aber z. B. ist es schon eine Entlastung der Eltern, wenn sie ihre Kinder nicht immer umchauffieren müssen.

Viele Kinder sind heute Einzelkinder und wachsen mit Geschwistern auf.

FRAGE: »Warum feiert man Muttertag?«
ANTWORT: »Weil da Mütter ihre Tage haben.«

Frauen, die Kinder geboren haben, leben länger als Frauen, die nicht geboren wurden.

Die Frauen in der BRD wünschen sich immer mehr Gewicht, damit sie besser mitreden können.

Jedes Geschlecht hat die gleichen Rechte wie Männer Männertoiletten.

Bei der Hausarbeit sollten Mann und Frau sich teilen.

Mit 15 Jahren kannst du deine Jugend doch noch gar nicht genießen. Dazu musst du erst erwachsen werden.

Das waren die Gründe, nun möchte ich mit den Problemen vorfahren.

Im Hinblick auf den autoritären Erziehungsstil stechen diverse Probleme mitten ins Auge.

Als ich mit meiner Gruppen mitglieder über das Thema recharschierte, vielen mir viel Fragen ein.

An der Form des versteinerten Fisches sah man, dass er
kurz vor seinem Tod noch gelebt haben muss.

Antipoden gibt es nicht. Infolge dessen kann es auch
keine geben.

Den Winnetou hat's gegeben; ich hab' einen Knochen
von ihm.

Nur weil die Bananenschale ne Verpackung ist, gehört
sie noch lang ned in den gelben Sack.

Wozu brauchen wir eigentlich die Sonne?
Tagsüber ist es doch eh hell.

Die Menschen würden nach dem Konsum von Marihuana
alle gesteinigt durch die Gegend laufen.

Man muss wissen, wie tief das Wasser ist, weil man sonst
beim Sprung ins Wasser aufstoßen könnte.

Um Wasser zu sparen sollte man beim Zähneputzen
den Harn nicht laufen lassen.

An Sylvester kann es ja passieren, dass einem da die
Hand weggeht.

Damit fallen auf jeden Kopf 280 Eier pro Jahr.

Wenn eine Sache nicht schwarz ist, dann ist sie weiß;
was anderes ist nicht möglich.

Das sind die beiden Möglichkeiten und eine davon ist die obere!

Mit konfessionellen U-Booten hätte man es wohl kaum geschafft, den Nordpol zu untertauchen.

Aber das heißt doch Achterbahn,
weil man da erst mit 8 rein darf!

Wenn es keinen Handel gegeben hätte, gäbe es keinen Handel, und dann gäbe es auch keine Händler.

Die Konzentration des Umsatzes ist relativ mittel schwach.

Das waren jetzt meine verschiedenen Stellungen
zu dem Thema.

Jetzt möchte ich zu den Gegenmaßnahmen übertreten.

Jeder redet so lange, bis der andere ausgeredet hat.

Man sollte sich auch nicht über die anderen lustig machen. Man sollte sich zuerst in ihre Ställe setzen.

Es gibt doch auch farbiges Holz, zum Beispiel Blautanne.

Warum müssen Weihnachtsmärkte eigentlich immer im Winter aufmachen?

Ein Bergsteiger sollte keinen unnötigen Palast mit zum Gipfel schleppen.

Der Verkehr mit Autos hat in den letzten Jahren
erheblich zugenommen.

Es gibt jetzt Bahnhöfe, wo die Züge nicht mehr
halten, sondern durchfahren. Wie sollen da die Leute
einsteigen?

Man sollte Bänke, Laternen und ähnliches anbringen,
auf denen sich ältere Leute nach einem anstrengenden
Einkauf ausruhen könnten.

Es ist viel leichter, einen Menschen totschlagen als ihn
wieder lebendig zu machen.

Denn was nützt einem zum Beispiel ein kugelsicherer
Anzug, wenn ja doch niemand schießt, da Frieden ist.

Auf dem Friedhof, wo Leute sind, die ihre Ruhe haben
wollen, sollte man aus ethischen Gründen keinen Lärm
machen.

Sollte man mit der Mode gehen? Nein, denn obwohl die
Alte noch gut ist, lässt man sie im Schrank hängen.

*Da kann man mal alle fünfe
von sich strecken.*

Es wäre viel gemütlicher im Mund wenn wir keine
Zähne hätten.

Das klingt in meinen Augen ganz schlimm.

Es gibt keine sichtbare Verfilmung des Romans

Früher hat man noch Bücher gelesen! Heute kennen die Kinder Geschichten doch nur noch aus dem Fernsehen. Diese Klischees werden immer wieder bemüht, wenn über den Untergang des Abendlandes geklagt wird, der wie schon vor Hunderten von Jahren auch in unserer Zeit natürlich unmittelbar bevorsteht. Aber ist der Deutschunterricht wirklich die letzte Bastion, die die Literatur als bedeutendes Kulturgut am Leben erhält? Und was spricht eigentlich gegen das Fernsehen, wobei das Fernsehen selbst auch schon ein bisschen von gestern ist? Es ist halt immer eine Frage der Sichtweise, wie man sich den Geschichten der Großen nähert. Naja, zugegeben: Mit dem Textverständnis ist es nicht immer sehr weit her, vor allem dann nicht, wenn der Text gar nicht gelesen wurde. Aber sind neue Interpretationen großer Werke der Weltliteratur tatsächlich das Privileg von Gelehrten oder hat eine unvoreingenommene Schülersichtweise nicht auch ihre Reize?

Zuerst muss man den Text sorgenfältig lesen.

Hoffmann von Fallersleben war Professor für deutsche Sprache und Lineatur. ˙

Die Leser sind auf gut Deutsch Sensationsgeier.

FRAGE: »Welche Märchen kennst du?«
ANTWORT: »Die prima Stadtmusikanten.«

Die Tage vergingen und das kleine Reh wusch heran.

Der Hirsch nahm seine Beine unter den Arm und verschwand im Unterholz.

Als der Jäger den dicken Bauch der Großmutter sah, wusste er sofort, was geschehen war.

Die Beute wurde von dem Löwen augenblicklich verehrt.

Und dann rammelte der vierköpfige Drache das Boot an.

Der Drache biss sich den Widerhaken in den Gaumen und fing zu heulen und jauchzen an.

Der Dinosaurier hat die Mutter Gott sei Dank nicht gekaut, sondern als ganze hinuntergeschluckt.

Ein Mythos ist eine weibliche Motte.

Eratosthenes saß an einem bestimmten Tag in Syene in einem Brunnen und wartete bis die Sonne darin schien.

Der König kratzte würdevoll im Kreise seiner Familie ab.

Der Ritter will von Minne auf Liebe umsteigen.

Die Sänger waren gekommen, um das Herz des Königs zum Nachdenken zu bringen.

Bei Gurnemanz lernt Parzival, dass man nicht nur essen, sondern auch trinken muss, und wie das geht.

Dieses kleine Gedicht ist ganz einfach, hat aber viele Schwierigkeiten.

Wir haben die Metastasen in dem Gedicht untersucht.

Das Gedicht besteht aus 14 Fersen.

Der Autor benutzt viele altertümliche Formen und Ausdrücke. Dieses Stilmittel nennt man Altruismus.

Seine Rhetorik weist viele Hypothenusen auf.

Im zweiten Vers findet man eine Invasion.

Außerdem findet man in dem Gedicht viele Metaphern und Neurologen.

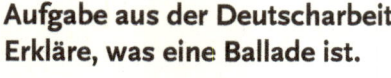

> **Aufgabe aus der Deutscharbeit:**
> **Erkläre, was eine Ballade ist.**
>
> LÖSUNG 1: Eine Ballade ist ein Gedicht, an dem man sehr viel dran arbeiten muss.
> LÖSUNG 2: Eine Ballade ist Schillers Glucke.

LEHRER: »Wo steht denn z. B. dieses schwammige Gedöns?«
SCHÜLER: »Zeile eins bis Ende!«

Dämon wollte noch drei Tage Urlaub vom Tyrannen, um seine Schwester vom Gatten zu befreien.

Adelheid erklärt ihm ihre Liebe, was natürlich Wasser auf seine Mühle ist, da er schon vorher Feuer gefangen hatte.

Ferdinand eskaliert und zerstört eine Violine.

Dann beginnt Schiller, die Jungfrau von Orleans zu bearbeiten.

Das Drama »Maria Steward« spielt in Schottland, England und auf der Bühne.

Die Handlungen der Orte sind unterschiedlich.

Der zweite Gatte der Maria Stuart hatte ihren dritten Gatten töten lassen und wurde deshalb von diesem in die Luft gesprengt.

Der dritte Akt ist der Übergang vom 1. zum 2. Akt.

Später lässt Maria ein Kompott gegen Elisabeth machen.

Am nächsten Tag bat Wenzel den Stadtrat um die Hand seiner Tochter, worauf er sie ihm gab.

Nicht nur die kleinen, auch die großen Geschäfte erledigte Tell selbst.

In der hohlen Gasse lauert Tell auf den Gessler, damit er ihn mit einem Pfeil erschlagen kann.

Es wird auch analysiert, inwiefern Stilmittel die Atmosphäre nach seinem Tod bestimmen.

Wir lesen die Leiden des jungen Wärters.

Seine vergeblich um Hilfe flehende Einsamkeit wird zur Depression.

Ein Grund für die lange Zeit, die er brauchte, war die Zeit. Goethe hatte nämlich sehr wenig Zeit.

Zufrieden betrachtete er sein Werk. Es hatte Hand und auch einen Fuß.

Falls sie Faust nicht kennen, der ist von Reclam.

Faust will ein Mädchen, und Mephisto will es ihm besorgen.

Um sich ungestört lieben zu können, flößt Gretchen ihrer Mutter ein Schlafmittel ein.

Sie bringt ihr uneheliches Kind um, das zwischen Faust und ihr entstanden ist.

Zu dieser Zeit ist Faust ein sehr typisches Beispiel für den Verlauf einer unehelichen Schwangerschaft.

Nach unzähligen Reisen und Erfahrungen mit jeglichen Frauen starb Goethe am 22.03.1832 in Weimar.

FRAGE: »Wie heißt das Buch, das wir gerade lesen?«
ANTWORT: »Satan der Weise.«

Ich les' nie zwischen den Zeilen, weil da steht eigentlich nichts.

Die drei Religionen werden symbolisiert durch Nathan, den Juden, durch den Tempelritter, der für die Christen steht, und durch Saladin, den Islamisten.

In diesem Stadium bringt er seinen zweiten, von Lene gezeugten Sohn fast um.

Die Romantiker wollten eben immer so blaue Blumen blühen sehn.

Kohlhaas hat sich erst mit Luther und dann mit Gott darüber wie man Städte verbrennt unterhalten.

Ich bin der Überzeugung, dass Effi Briest als Hauptperson in diesem Roman ausgesprochen wichtig ist.

Doch in diesem Schlitten geschieht etwas Tragisches: Crampas küsst Effis Hand.

Als armer Soldat nimmt er menschenunwürdige Berufe an, wie zum Beispiel den des Doktors.

Er liefert als Erklärung für das Motiv seine Zuneigung zu Marie, die plötzlich zu Bruch geht.

Er stürzte zu Tode getroffen zu Boden. Da reifte in ihm der Selbstmordgedanke.

Mutter Courage rennt über das Schlachtfeld und bietet ihre Dienste an.

SCHÜLER 1: »Was ist denn eine Matrone?«
SCHÜLER 2: »Sind das nicht diese kastanienartigen Dinger?«

Das Schiff verließ den Hafen und rannte nach Rom.

Die Juno hatte einen Sturm erregt, um den Aeneas zu verderben.

Als er hingerichtet worden war,
fühlte er sich nicht mehr sicher und floh.

Die Besucher kommen herein und geben ihre Bekleidung an der Garderobe ab.

Die Sadisten haben nur kleine Rollen ohne Text.

Wir lesen gerade Hessen unterm Rad.

> FRAGE: »Wer arbeitet noch im Theater?«
> ANTWORT: »Friseuse!«
> NACHFRAGE: »Du meinst vielleicht die Souffleuse?«
> ANTWORT: »Ich mein die, die den Schauspielern die
>   Haare macht.«

Der Inhalt des Textes besteht aus Angst vor der falschen und nicht zu bekommender guter Kompetenz.

Der moderne Romanheld ist eine Extremität.

Homo Faber hat ein Problem mit der wilden Natur. Dies erkennt man daran, dass er die Vegetation in seinem Gesicht ständig wegrasiert.

Da sieht man, wie die Andorraner Andri einen Mord unter die Schuhe schieben.

Nun durchströmten den armen Zachi Rachegeschwülste.

Seine Gegner haben ihm daraus einen Strick geschmiedet.

Auch die Menschen in Güllen tragen ihre Schuld bei sich.

Der Autor steht zweimal auf dem Blatt!

Der Autor hat einen schönen Stiel.

X Er schreibt seine Bücher für die breiten Leser.

Der neutrale Erzähler berichtet hier wertend und kommentierend.

Wenn man eine Erzählperspektive hat, ist man schonmal nicht mehr der Autor selbst.

Die Rezession des Buches bekam eine schlechte Kritik.

X FRAGE: »Ist das ein hypotaktischer oder ein parataktischer Satzbau?«
ANTWORT: »Wenn Sie schon so fragen, eins von beiden.«

In der Erzählung geht es um eine Stadt, dessen Bewohner ausgemerkelt sind.

Es werden die festen Riten der Eltern geschildert; z. B. das stündliche Abendessen.

Die Eltern des Jungen sorgen für die Ausbreitung des Betruges im Dorf.

Der Junge kann sich weder vom Schutt noch vom Tod seines Bruders lösen.

Der Streit der Väter hat die Familien in die Ruine getrieben.

Sie haben die Hoffnungslosigkeit von den Eltern geerbt, und versuchen diese mit Branntwein zu löschen.

Monika lebt sich von ihren Eltern weg. Sie verfremdet.

Die Eltern haben erwachsene Vorstellungen von ihrer Tochter.

Am Ende befindet sich auch der Schlussteil dieser Kurzgeschichte.

Der Vergleich mit einem Kinderspiel wirkt auf den Leser sehr ironisch und abneigend.

Der Autor Peter Bichsel scheint sich mit dieser Auffassung zu infizieren.

Ich bin der Meinung, dass der Autor eines Textes eine große Rolle spielt.

Meine Meinung zu dem Text ist eher abstoßend,
weil ich es nicht sehen, lesen oder hören kann,
wenn Menschen langsam und grausam eingehen.

Somit füge ich mich der Position des Autors an.

Das Tagebuch war in kostbaren roten Samt gebunden.
Auf der Vorderseite waren die Genitalien der Besitzerin
mit goldenem Faden eingestickt.

Der Protagonist taucht in dem ganzen Stück gleichmäßig verteilt auf.

Gregor Samsa findet im Beruf keine sexuelle Befriedigung.

Er schildert die einzelnen Entwicklungsstufen, zuerst behaart und auf Bäumen hockend bis zu seiner jetzigen Erscheinungsform.

In diesem Ausschnitt werden die Gefühle noch einmal verdeutlicht, denn als er im Kino neben ihr sitzt, kommt ihm alles hoch.

Die Autorin beschreibt sein Äußeres sehr hässlich.

Die Erzählung ist zu Ende, weil es nun keine Geheimnisse mehr zu entlüften gibt.

Aber das Problem, was sie in ihrem Text vermitteln will, ist vom Zahn der Zeit abgenagt.

Die Autorin wird unter dem Text genannt, wobei sie mit Alter und Wohnort beschriftet ist!

Als der Tourist plötzlich einen Fischer friedlich dösen sah, fotographierte der Tourist jenen, bis er munter wurde.

Der Fischer nickt mit Nein.

So bekommt auch der dümmste Leser mit, was Böll hier ausdrücken will. Selbst ich habe es verstanden.

Dieses Buch kann ich trostlos weiterempfehlen.

Ich weiß nicht,
ob das richtig gespellt ist

Das Dumme an der Sprache ist, dass es nicht nur eine davon gibt, sondern eine ganze Menge, und kaum hat man gelernt, sich mit der eigenen mehr oder weniger zu arrangieren, wird man schon dazu gezwungen, sich mit einer anderen auseinanderzusetzen. Und wozu das alles? Sollen die anderen doch meine Sprache lernen, wenn sie sich mit mir unterhalten wollen! Und wer als Lehrer etwas auf sich hält, der versetzt sich in die Lage seiner Schüler und begibt sich mit ihnen auf Augenhöhe. Was – so der Tenor über Jahre – spricht eigentlich dagegen, die englische Sprache (oder Französisch oder Spanisch oder …) auf Deutsch zu unterrichten? Und ein bisschen kann man schließlich jede Sprache ans Deutsche anpassen.

And now I want you to make this workshit!

Keep your sentences short and pregnant!

I want to be 100 years old, because I want to be a clockgrandfather …!

The university is not was for me.

After your university qualification you have to study Jurassic a long time.

I love to play tennis and raid a horst.

If I had balls, I would play with them.

I would like to see the Statue of Library.

For my birthday I became a gameboy.

My father works a lot and then he is tired in the after.

Mom, Muther, das kommt ja von dem deutschen Mudda.

I have got a rich ant who gives me a lot of money.

I don't think that many of our guests are vegetables.

Yesterday I went to McDonalds and ate somebody.

I think in Berlin there are classes where are 70 % Turkeys.

In my opinion, the nuclear power plants have to shut up.

You should take a boil of water with you if it is too warm outside.

You can find my foto in the appendix.

I don't want to forget that William Shakespeare invented the steam engine!

Shakespeare was burnt in 1564.

The Queen is the King of England.

She is wearing a rock.

The mass media think that the Queen should pay taxis like everyone.

FRAGE: »Where does the Queen live?«
ANTWORT: »In Beckham Palace.«

FRAGE: »Who lives in Buckingham Palace?«
ANTWORT: »The Queen with Obama.«

> **FRAGE: »What pops up in your minds when you read the term ›the real India‹«?**
> **ANTWORT: »Nothing. I have got a pop-up blocker!«**

Well, I think they shouldn't abolish the monarchy, because it is pregnant.

The Indians are ridden by their horses.

A lady is an old woman and also a young grandma.

A midwife is a woman who burns children.

The horse was burning so light that the fired men couldn't throw the water on it.

The children have hopes, dreams and planes for the future.

And there is also the danger of killer-beans.

The erection of Mount St Helens was in 1980.

... and then Jesus was stoned.

Mombasa is the capital of China.

In germany even poor people can get high!

New York is the biggest part of London.

In Florida there are a lot of sunny bitches.

Barack Obama was burnt in Hawaii and his father in Kenia.

FRAGE: »What do you think about the text?«
ANTWORT: »I don't know what it brings ...«

Ich hasse Englisch! Ich scheiß auf des Mist!
Ich fahr eh nie nach Spanien!

In einer irgendwo im Süden

Es stimmt wirklich! Es gibt noch andere Länder auf der Welt als das eigene Bundesland. Heutzutage eine Selbstverständlichkeit, dass jedes Kind das weiß? Nun gut, vielleicht jedes Kind, aber wie sieht es mit den Erwachsenen aus? Bis heute gibt es in Deutschland Regionen, wo die Menschen nicht über die Dorfgrenze hinaus denken können und wo selbst die Verhaltensweisen der Menschen aus dem Nachbardorf als seltsame Riten erscheinen. Nur gut, dass man in der Schule den Blick über den Tellerrand hinaus wagt, den Blick auf das große Ganze, um die Erkenntnis zu verbreiten: Die Welt ist ein Dorf.

Bayern ist ein Kultur-, Renten- und Sozialstaat!

Die Alpen bieten ihren Bewohnern gute Aufstiegsmöglichkeiten.

Von 1850–1975 verloren die Alpen ein Drittel ihrer Fläche und die Hälfte ihres Volumens.

Die Donau wälzt sich in ihrem Bett.

Iller, Lech, Isar, Inn fließen rechts zur Donau hin, Altmüll, Blech und Regen schwimmen von rechts in ihr!

Das Oder-Hochwasser war die größte Katastrophe seit der Wiedervereinigung.

Im Allgemeinen kann man sagen, die Bevölkerung in Brandenburg singt bis 2030.

Die Geburtenrate ist die Anzahl von Geburten, die von 1000 Kindern geboren werden.

Meine Mutter kommt gar nicht aus Deutschland, die kommt aus Bremen!

Diese Gegend ist von einer großen Waldlosigkeit erfüllt.

Hätte der Mensch die Natur nicht beeinflusst, hätten wir heute einen tollen Mischwald aus Rotbuchen.

Aus Mecklenburg-Vorpommern immigrieren Menschen von 1 Jahr an.

Es gibt immer mehr alte Menschen und immer weniger neue.

Männer und Frauen sind in Mecklenburg-Vorpommern bis zum Alter von 40 Jahren relativ ausgeglichen.

In Mecklenburg-Vorpommern verzeichnen wir einen starken Bevölkerungsrückgang durch Wanderungen.

Im sogenannten Ruhrgebiet ist die größte Industrie von Deutschland angesiedelt. Es liegt so ziemlich in der Mitte von Nord/Süd, aber mehr westlich.

AUFGABE: Erläutere den Wandel im Ruhrgebiet von 1850 bis heute.
LÖSUNG: Von damals bis heute lässt sich viel über das Ruhegebiet berichten. Viele Menschen sind umgezogen um dort endlich ihre Ruhe zu finden.

Die Häuser in zu sanierenden Gebieten gehören der Unterschicht an.

Die Bevölkerung im Westen geht stark mit dem Trend mit und lassen sich ihre Beheizungsmöglichkeiten oft erneuern.

FRAGE: »Wie heißt denn dieses Mittelgebirge im Süden von Niedersachsen?«
ANTWORT: »Hartz IV.«

Das Rheingebiet zieht sich an der Südseite von Deutschland nach oben.

Am Rhein wird nicht nur Wein angebaut, sondern auch ein reger Schiffsverkehr. Man kann schon oberhalb Basel rheinschiffen.

Und es gibt auch oft nur Wasser, in dem Krankheits-
erreger sind. Dann bekommen die Menschen manchmal
tödliche Krankheiten, z. B. Algebra.

Wir haben Kläranlagen, wo wir hygienisiert leben können.

Es gibt keine Geschlechtertrennung. Männlein und
Weiblein trinken beide ihre 112 Liter Wein am Tag.

Auf Sylt ist die Kälte am wärmsten.

Der Meeresstrand ist die Hauptsache, wo der Sand liegt.

Durch die verschiedenen Einrichtungen bekommt Jena
viele weitere Einwohner, da ihre Bedürfnisse befriedigt
werden.

Die Bewohner mussten den Lärm nur in der Hauptsaison
ertragen und viele lebten davon.

Die Ausländer könnten sich in ihrer eigentlichen
Heimat schlecht einleben, da sie häufig in Deutschland
geboren sind.

Aussiedler sind Menschen, die im Ausland einsiedeln.

FRAGE: »Was ist das berühmteste Gebäude in Berlin?«
ANTWORT: »Der Kölner Dom.«

FRAGE: »Was ist im Osten von Bayern?«
ANTWORT: »Polen.«

Ich frage mich, warum sollen wir Europäer den Ast absitzen, auf dem wir sägen?

Die Schweiz ist in verschiedene Kartone eingeteilt.

FRAGE: »Mit welcher Währung bezahlt man in Polen?«
ANTWORT: »Mit polnischem Geld!«

FRAGE: »Wie heißt die Hauptstadt der Niederlande?«
ANTWORT: »Hamsterdam.«

FRAGE: »Mit was wird in Spanien gezahlt?«
ANTWORT: »Mit Köpfen.«

Die Landschaften in Nordeuropa werden als Aufschüttungslandschaften bezeichnet, weil im Winter die Gletscher von den Bergen herunterfallen und liegen bleiben.

Die Lappen gehen neben den Rentieren zur Weide.

Sie reiten sehr teure Pferde; manchmal mehrere auf einmal.

FRAGE: »Wer weiß schon etwas über Island?«
ANTWORT: »Das ist eine Ente.«

Zuallererst fällt auf, dass alle betreffenden Länder (Brasilien, Kanada und Chile) auf dem europäischen Kontinent liegen.

In der Mitte war das Mittelmeer und ringsum Wasser.

Die Inseln des Mittelmeeres sind alle größer oder kleiner als Sizilien.

Der schiefe Turm von Pisa ist der Eiffelturm von Italien.

Ein Kurzurlaub nach Italien verursacht Kosten für Mitbringsel, Souvenirs und Verpflegung unter Tage.

In Griechenland ging die Zahl der in der Landwirtschaft Beschäftigten seit 1965 sehr stark zurück. 1994 waren es nur noch 22 Beschäftigte.

Die Griechen haben dieses Problem noch weiterent-wickelt.

2000 gab es in dem Land viele mittelalterliche Leute.

Griechenland hat 10 bis 12 humide und 6–9 semihumide Monate.

In Griechenland kommen die Westwinde im Winter aus dem Norden.

Heinrich Schliemann wollte unbedingt eine Frau mit griechischem Typhus heiraten.

Im Gegensatz zu den Griechen bin ich keine Multikulti-gesellschaft.

In Irland werden Blei, Gold und Kupfer angebaut.

Die offenen Kamine in England sind sehr unpraktische Heizanlagen. Wenn man davor steht, kann man vorne braten und hinten klappert man mit den Zähnen.

LEHRER: »In England ist Selbstmord verboten!«
SCHÜLER: »Aber man wird dafür nicht hingerichtet?«

Die Eingeborenen werden auch immer recht zutraulich, wenn man ihre Sprache beherrscht.

Die größte türkische Gemeinde außerhalb Europas gibt es in Berlin.

FRAGE: »Wer wohnt in den Palästen?«
ANTWORT: »Die Palästinenser!«

Wladiwostok ist der Endpunkt der transatlantischen sibirischen Eisenbahn.

Aber da Russland ohne Tschetschenien grad Mal fast so groß wie die BRD wäre ...

Das russische Volk explodierte einmal.

In China wachsen die Seidenwürmer wild.

Der chinesische Bauer musste seine Felder aus eigener Kraft bewässern.

China erhält von Amerika Geld, um das chinesische System der Luftverschmutzung auszubauen.

Dabei versuchen die anderen Staaten Investitionen anzulocken, wogegen Japan blockiert, wo es nur geht.

Japan nennt man das Land der aufgehenden Sonne, weil jeden Morgen hinter dem Fujijama die Sonne aufgeht.

Pro Kopf werden in Japan 120 kg Gemüse je Tag gegessen.

In Indonesien lebten 19 849 450 Einwohner auf einem Arzt.

Immer mehr Menschen können in Indonesien in die Krankenhäuser gehen und sich behandeln.

Im 16. Jahrhundert begann in Indonesien der Handel mit Niederländern und Portugiesen.

Auffällig ist, das Malaysia eine gleichgeringe Alphabetenquote wie Deutschland besitzt: Unter 10 % der 14jährigen können Lesen und Schreiben.

Wichtig sind der Export und auch der Bienenmarkt.

Sydney ist die Hauptstadt von Brasilien und liegt am Kongo.

Der Nordpol ist der Mittelpunkt der Erde.

Am Nordpol kann kein Verkehr stattfinden, weil dort alles einfriert.

Zur Zeit brüten dort viele Seevögel und Seehunde.

In der Sahara sieht man aufgedühnte Wehen.

In der östlichen Sahara gibt es mehr Sonnenschein als irgendwo sonst auf der Welt. In einem Jahr wurden 4300 Sonnenstrahlen gezählt.

FRAGE: »Und, unter welchem Namen ist die Sahara noch bekannt?«
ANTWORT: »Wüste!«

In der Wüste leben die Normannen.

LEHRER: »Liste die Vorteile des Assuan-Staudamms auf.«
SCHÜLER: »Heute können die Arbeiter jeden Tag an den Pyramiden bauen.«

Grüne Savanne? Ich kenne nur grünen Tee.

Auf Madagaskar ernähren sich die Insulaner weniger von Einheimischen als von Fremden.

Die haben dann ihre Verwandten mit Beilagen beerdigt.

Ungünstig war der lange Seeweg vorbei am Cup der guten Hoffnung.

Dem Material M2 ist zu entnehmen, dass in Somalia 31 740 Ärzte je Einwohner vorhanden sind.

Als Vorfahren lebten in Südamerika die Imker.

Von diesem Geld bauten sie Straßen und gingen auch in die Luft.

Die Straßen wurde mit gedampften Steinen angelegt.

Heutzutage gehen alle Leute nach Amerika und lassen sich zu ihrem Vergnügen totschlagen.

Aber in Amerika kriegen die mit 16 schon den Führerschein. Dafür sind die aber mit 21 erst 18 !

In amerikanischen Städten findet man viele Engländer und Irländer.

Wirtschaftliche Probleme sind für ein Land immer das A&O.

Wenn die Menschen alle Slums bilden und auf einem Haufen sitzen, dann sind das denkbar schlechte Wohnbedingungen.

Als dann die Medizin und Hygiene so weit fortgeschritten waren, dass es fast kein Sterben mehr gab, stieg die Bevölkerung schnell an und explodierte.

Die Arbeiter in den Entwicklungsländern werden charmlos ausgebeutet.

> ### Bei der mündlichen Prüfung
>
> PRÜFER: »Nun erzählen Sie uns doch mal etwas
> über die Lage in der Dritten Welt. Wie ist es um
> die bestellt?«
> SCHÜLER: »Schlecht!«
> PRÜFER: »Etwas genauer müssten wir es schon
> wissen.«
> SCHÜLER: »Eigentlich total beschissen!«

Die Entwicklungsländer haben sich gewehrt gegen
die amerikanischen Bananen-Konzerte.

Durch die Zerstörung des Regenwalds sind indigene
Völker ausgerodet worden.

Aber die Bauern sind nicht das einzige Übel, sondern
auch die Edelhölzer werden geschlägert.

Rettet den Regenwald – schon der Lebewesen und
des Ozonlochs willens!

Viele reden vom Umweltschutz; manche tun auch
was dagegen.

Ein Globus ist ein runder Atlas

Sich zufriedenzugeben liegt wohl nicht in der Natur des Menschen, und deshalb ist er wohl auch unendlich neugierig. Diese Eigenschaft versucht sich die Schule zunutze zu machen und hält deshalb jede Menge Antworten bereit. Blöd nur, wenn die Fragen dann nicht auch tatsächlich gestellt werden. Für diesen Fall hat man Vorsorge getroffen in Form gut ausgebildeter Lehrer, die Fragen schon beantworten, bevor sie in den Köpfen der Schüler überhaupt auftauchen. Da wäre zum Beispiel die Frage, wo wir denn eigentlich leben. Frag doch mal deinen Erdkundelehrer. Er wird es dir bestimmt bereits erklärt haben. Jetzt fehlt nur noch, dieses Wissen an eben jenen Lehrer zurückzugeben.

Fixsterne sind Löcher im Himmel.

Der Mond ist, wenn er aufgeht, zwei- bis dreimal größer als er wirklich ist.

LEHRER: »Wie nennt man den Vorgang, wenn der Mond dicker wird?«
SCHÜLER: »Er wird schwanger!«

Die Erde ist eine Kugel, das erkennt man an der
Erdkrümmelung.

FRAGE: »Wie kann man beweisen, dass die Erde eine
   Kugel ist?«
ANTWORT: »Kolumbus ging zur spanischen Königin und
   machte es mit ihr auf den Tisch.«

FRAGE: »Welche Form hat die Erde?«
ANTWORT: »Also, wenn ich mich nicht irre, Blumenform!«

Mein Bruder hat gesagt, wir brauchen keinen Atlas
kaufen, wir haben Google Earth.

Die Erde ist aufgeteilt in
Breitengreise und Längengreise.

Die Erde dreht sich in einer greisähnlichen Bahn im
Zeitraum eines Jahres um die Sonne. Dadurch entstehen
die Jahreszeiten, auch die Grümmung der Erdachse.

FRAGE: »Wodurch entstehen die Jahreszeiten?«
ANTWORT: »Durch die Revolution und durch die Schreck-
   stellung um dreiundzwanzigeinhalb Grad.«

LEHRER: »Wenn ich im Schulhof ein tiefes Loch grabe,
   wo komme ich dann hin?«
SCHÜLER: »Ins Irrenhaus!«

Das Wetter gliedert sich in zwei Teile:
gutes und schlechtes Wetter.

> FRAGE: »Wie heißt das Weltbild, bei dem man
>   glaubt, die Erde sei eine Scheibe?«
> KEINE ANTWORT.
> LEHRER VARIIERT DIE FRAGE: »Also die Leute
>   glaubten damals, die Erde sei ein Plateau ...
>   wie nennt man diese Auffassung?«
> ANTWORT: »Das ist doch das Platonische Weltbild.«

Dort, wo der kürzeste Sonnenstrahl die Erde trifft,
ist es Nacht.

LEHRER: »Wo steht die Sonne, wenn bei uns Frühling ist?«
SCHÜLER: »Am Himmel.«

Es entsteht ein Hochdruckgebiet, das an der Atmosphäre
vorbeigeleitet wird.

Wenn der Nordwind von Süden kommt, ist er nicht
gefährlich.

Die Temperatur steigt, die Schneefälle sinken.

Wenn es regnet, dann steigt das Meer, und wenn die Erde
ins Meer vordringt, dann ist Ebbe.

Das nasse Land verwandelt sich in der Hitze in Luft.

Mehr Wasser verdunstet als es niederschlägt.

Was passiert eigentlich, wenn die Sonnenfinsternis
bei Nacht ist?

Die Erde war zuerst flüssig und dann erkältet.

Die Erde besteht aus verschieden dummen Krusten.

Zwei kontinentale Platten rasen aufeinander zu:
Das ist die Konfektionszone.

Erdbeben entstehen durch Erdplatten, die verrückt
werden.

Durch Druckschwerkräfte kann es zu Frisuren kommen.

Der Erdmantel wird auch als Nugatshäre bezeichnet.

Lava besteht aus Schleim.

FRAGE: »Woher kommen die Flüsse?«
ANTWORT: »Aus dem Meer.«

FRAGE: »Und warum sind die Flüsse auf dieser Karte
   gestrichelt?«
ANTWORT: »Weil sie noch in Planung sind.«

Die Ebbe kommt vom Land, und die Flut kommt vom
Wasser.

Wenn es viel und lange regnet, kann es zum Klimawandel
kommen.

Die Gezeiten wirken ja auch auf Gestein. Also, Gestein ist ja 'n bisschen festes Wasser.

Das Watt kommt, wenn die Ebbe das Hochwasser vollständig weggetragen hat.

Wenn sich auf Faulschlamm Merkel legt, kann sich nach vielen Millionen Jahren Erdöl bilden.

Im Gegenteil zu Öl geht Wind nie alle.

Heutzutage wird Erdöl mit modernsten Geräten gesucht. Früher hat man es dadurch erkannt, dass Trinkwasser einen komischen Geschmack hatte.

Man soll nicht so viele Kraftwerke bauen, weil die zu viele Schadstoffe verbrauchen.

FRAGE: »Wodurch kam man in den 60er-Jahren auf die Idee, dass die Ressourcen der Erde begrenzt sind?«
ANTWORT: »Durch die Ölkrise in den 70ern.«

Guano ist ein Düngemittel und besteht aus dem Kot der Fische und alten Leichen.

Dieser Bodentyp ist sehr gut zum Anbau von Pflanzen und anderen Dingen geeignet.

Die Bauern pflanzen ihre Kartoffeln an und werden anschließend verkauft, wenn sie reif und frisch sind.

Die Bauern ernähren sich nicht nur von den Erträgen
ihrer Äcker, sondern auch von Holz.

Heute gibt es immer weniger Bauernhöfe auch auf
dem Land.

Die Produktionsorte sind regelmäßig durch den Raum
gestreut.

Zuerst melkt der Bauer die Kühe und dann lässt er sie
durch ein Sieb rinnen.

Das Getreide wird von der Hand gemolken.

Das hat eine Erhöhung des Preises und somit auch
eine Erniedrigung des Geldwertes, also Inflation, zur
Folge.

Die Probleme der Ursachen führen über die
Auswirkungen zur Beseitigung dieser Probleme
zu neuen lokalen und globalen Auswirkungen.

*Früher wurde das Heu mit einer Sense gedroschen,
heute wird es gemäht.*

Anstelle unserer Pferde, Bullen usw. treten heute
moderne Trecker. Sie haben wahrhaftig das Gnadenbrot
verdient.

FRAGE: »Nenne die Vorteile von Automation.«
ANTWORT: »Man ist nicht mehr körperlich beschädigt.«

Die Temperaturen singen

Man kann fragen, fragen und fragen, und irgendwann einmal stellt man fest, dass mit jeder Antwort neue Fragen entstehen, und obwohl man das weiß, hört man nicht etwa auf zu fragen, sondern fragt immer weiter in dem Bewusstsein, nie endgültig befriedigende Antworten zu bekommen. Mal ehrlich: Wie muss man eigentlich ticken, um daran Gefallen zu finden? Aber in der Schule hat man keine Wahl – da kennt der Physiklehrer keine Gnade, denn wenn er sich schon selbst quält, warum sollte es dann seinen Schülern besser gehen? Eigentlich ist Wissenschaft ja sehr faszinierend, aber leider vergessen Lehrer gelegentlich, ihre Schüler dort abzuholen, wo sie gerade stehen, und fordern sie stattdessen auf, auf einen fahrenden Zug zu springen. Und dann soll man als Schüler auch noch wissen, wie schnell der Zug gerade fährt.

Macht man in Physik auch was über Tiere oder nur Mathe?

Einstein wurde durch die Realitätstheorie bekannt.

Theoretiker haben's einfacher, die müssen sich nicht mit der Realität auseinandersetzen.

Ey, wie hieß Einstein noch mal mit Vornamen? Karl?

Albert Einstein hat Aussätzige gepflegt.

Er war der Sohn eines Naturwissenschaftlers und eines Arztes.

Wenn ich falle, bin ich 100 kg groß.

Wir legen einen beliebigen Körper auf die Erdoberfläche des Mondes ...

Der Reaktor arbeitet mit angeräuchertem Uran.

Strahlung misst man mit dem Geigenzähler.

Wenn ein Atomkraftwerk einschmelzt, müssen viele Menschen abhauen oder sterben.

Energie ist erzeugte Kraft, die durch Energie erzeugt wurde. Sie gibt ab, was man dazu gibt.

FRAGE: »In welcher Einheit wird Energie gemessen?«
ANTWORT: »In Tonnen?«

Der Widerstand hängt ab vom Gemütszustand der Elektronen.

FRAGE: »Was verändert sich, wenn man den Draht erhitzt?«
ANTWORT: »Die Querschnittsfläche.«

Das Magnetfeld wird von einem rissigen Magneten erzeugt.

Wenn der Schalter geschlossen wird, gerät das Magnetfeld in Bewegung.

Zur Vermeidung von Wirbelströmen nimmt man einen geplätteten Eisenkern.

Die Leiter wird unten von dem Nordpol angezogen, hängt dann also weiter unten.

Der Pol ist eine Stelle, wo der Graph spinnt.

Wenn man das in die Tabelle einführt ...

Der Elektromotor lässt den Anker elektrisch werden.

Es gibt einen Elektronenüberfluss und einen Unterfluss.

Wenn Sie drei Tischdecken aufwickeln, erhalten Sie einen Kondensator!

Der Kondensator fließt nun wieder in Richtung Spule und das geht immer so weiter.

FRAGE: »Wenn ich den Abstand zwischen den zwei Kondensatoren verdopple, was bleibt dann konstant?«
ANTWORT: »Der Lehrer!«

Für den Stromkreis braucht man eine Batterie, Kabel, Nägel und ein Glühwürmchen.

FRAGE: »Wie sind die Batterien geschaltet?«
ANTWORT: »Von Plus nach Minus!«

FRAGE: »Was steht denn immer auf Batterien?«
ANTWORT: »Nicht essbar?«

Wenn der Akku leer ist, geht auch das Handy leer.

Thema Magdeburger Halbkugeln:
Die Pferde konnten den Druck nicht überwältigen.

LEHRER: »Nenne mir eine Eigenschaft des Wassers!«
SCHÜLER: »Wenn ich mich damit wasche, wird es schwarz.«

Das ist quietschwarmes Wasser.

Das Wasser muss durch einen tiefen Stein –
erst dann wird es sauber!

FRAGE: »Ab welcher Temperatur siedet Wasser?«
ANTWORT: »Bei drei!«
NACHFRAGE: »Wie bitte?«
ANTWORT: »Meine Mutter stellt den Herd auf drei und dann blubbert es!«

Die Folie ist unwasserdicht.

Der Siedelpunkt von Wasser liegt bei
100 Grad.

Der Diesel ist so heiß, dass es zum Verbrennungs-
vorgang kommt.

*Das Erz wird verbrannt in 1200 Celsius
und dann trocknet es zu Eisen.*

Im Bereich der Teilchenphysik steckt die Forschung noch
in den Anfangsschuhen.

Wenn man eine gerade Ebene schief hinlegt,
dann ist es eine schiefe Ebene.

Links ist die Auslenkung ja geringer als rechts wegen
den Hebel.

FRAGE: »Die Lichtgeschwindigkeit beträgt rund
   300 000 Kilometer pro Sekunde. Wie lange braucht
   das Licht für 100 Meter?«
ANTWORT: »Circa 3000 Sekunden.«

Die Luft wird auf dem Asphalt reflektiert durch
die Wärme.

Wenn Licht auf ein Prisma scheint, wird es ganz
regenbogelig.

74

FRAGE: »Wie erzeugt man Licht?« ✗
ANTWORT: »Mit der Taschenlampe.«

FRAGE: »Wo erzeugt man Röntgenstrahlung?« ✗
ANTWORT: »Im Krankenhaus.«

FRAGE: »Woran liegt es, dass der Blitz blau ist?« ✗
ANTWORT: »An der Farbe!«

Oberhalb schließt sich Ultraschall an, den haben sie
sicher schon einmal gehört.

Durch Gutenbergs Erfindung können wir heute mit
Handy und über das Internet kommunizieren!

Wer kein Internet zu Hause hat, kann sich das im
Copmuterraum raussuchen und es sich als e-Mail nach
Hause schicken.

Bei Freeze wird die Bewegung verhaart. |

Ein Würfel ist eine sechsseitige Kugel

Das Schlimmste an der Physik ist, dass man die Dinge, die man sowieso nie so ganz verstehen wird, in der Sprache, die man gelernt hat, nicht vollständig erklären kann, sondern dafür eine ganz eigene Sprache lernen muss, die wiederum ihre ganz eigenen Regeln hat – die Mathematik. Immerhin ist sie logischer als andere Sprachen. Diese Logik hat aber auch eine Kehrseite: Versteht man sie nämlich nicht in ihrer Gänze, dann wird einem als Schüler sehr schnell vor Augen geführt, wie wenig man doch im Grunde überhaupt begriffen hat. Oft hilft nur noch Galgenhumor.

Anschließend erfolgt eine Einteilung der Theorie nach Gesichtspunkten.

Wir befinden uns hier im Bereich der angewandten Irrelevanz.

Eine Ziffer ist eine Zahl und besteht aus mindestens 2 Ziffern.

13 Milliarden – das ist eine Zahl, ich hab nachgezählt, mit immerhin acht Nullen!

MATHELEHRERIN: »Ich finde das unverantwortlich, mit 40 noch ein Kind zu bekommen. Da ist man ja schon 50, wenn das Kind 20 ist.«

Solange es abzählbar unendlich viele sind, ist alles in Ordnung.

MATHELEHRER: »6 Minuten sind etwa 300 Sekunden ...«

Nummeriert mal die 4 Kästchen von 1 bis 5.

Es gibt ja nur vier Rechenzeichen ...Plus, Mal ... öhm ... und die anderen.

Assozialgesetz der Addition:
Das ist eine Regel, da stecken viele kleine Regeln drin.

LEHRER: »Wie viel ist 6 + 4?«
SCHÜLER 1: »10!«
SCHÜLER 2: »Kann nicht sein! 5 + 5 ist doch schon 10.«

Aber das is doch ne negative Zahl. Und wenn ich ne negative von ner negativen abzieh, dann wirds doch positiv.

3 x 3 ist logischerweise 8.

2 x –4, das gibt doch +4, oder?

Minus mal Minus ist 16.

Ein Bruch besteht immer aus einem Zähler
(über dem Bruchstrich) und einem Angeber
(unter dem Bruchstrich).

LEHRER: »Was bedeutet 2 : 2?«
SCHÜLER: »Unentschieden!«

Weshalb man auch von Brechzahl spricht.

Wieso ist das $^3/_2$, letztes Mal war es doch 1,5!

$2\,^1/_2$ ist so ein Ausdruck, wo wir dafür sagen
anderthalb.

25 durch 3 geht net. 3 mal 8 sind 24 dann bleibt einer
über dann hol ich mir einen runter.

Zuerst suchen wir den kleinsten gemeinsamen Nenner,
der möglichst groß sein sollte.

LEHRER: »1 Arbeiter braucht 3 Stunden, um eine Grube
    von 1qm Fläche auszuheben. Wie viele Stunden
    benötigen 5 Arbeiter?«
SCHÜLER: »Die können doch gar nicht graben, oder
    haben Sie schon mal 5 Arbeiter mit Spaten auf einem
    Quadratmeter gesehen?«

Die Antwort war zu 25 % richtig, die restlichen 85 %
waren falsch.

SCHÜLER 1: »Also, wenn man zwei Pfund Butter nimmt ...«
SCHÜLER 2: »Das heißt jetzt Kilo!«
SCHÜLER 1: »Nicht mehr Butter?«

Sie braucht für die Viertelstunde 7 Minuten!

Der LKW fährt mit 40 000 Kilometern pro Stunde.

AUFGABE: Herr Abacus behauptet, am 29. Februar 1954
geboren zu sein. Lügt er oder spricht er die Wahrheit?
Begründe.
LÖSUNG: Das ist gelogen, 1954 war Fußball-WM und die
ist nicht in Schaltjahren!

So bräuchte man bei einem Tempolimit von 100 km/h auf
Autobahnen für eine Strecke von 200 km logischerweise
eine Zeit von 200 Minuten, also 3,5 Stunden.

Eine gerade Linie ist die, die von einem Punkt zum
anderen geht.

*Eine Gerade ist ein Kurve –
im mathematischen Sinne.*

Eine eindimensionale Kurve, also eine Kurve in der Ebene.

Wir berechnen jetzt den allgemeinen Geradenpunkt,
also den G-Punkt.

In kartesischen Koordinaten wäre das kompliziert,
aber man kann sich da erleichtern.

SCHÜLER: »Der Graph ist zur Achse parallel.«
LEHRER: »Zu welcher?«
SCHÜLER: »Zu beiden!«

Das Dreieck ist eine spezielle Form des Rechtecks.

Das ist kein Viereck sondern ein Quadrat.

Ein Würfel ist eine sechsseitige Kugel.

Also der Würfel, das ist doch eigentlich ein Quadrat in 3D!

Die Winkelsumme im Kreis beträgt 180°.

Die Uhr hat zwei Zeiger: den Stunden-, den Minuten- und
den Sekundenzeiger.

Na, dann drehen wir mal die Zeiger um den Sprung
in dieser Uhr.

Das ist eine Drehung in Gegenzeigerrichtung von einer Uhr.

FRAGE: »Von welchem Kreis ist das die Kreisgleichung?«
ANTWORT: »Von 'nem runden?«

Bei Ihnen steht ja Pi halbe, aber mein Taschenrechner
zeigt bloß Pi durch 2 an. Woran liegt das?

FRAGE: »Welche Fläche erhalte ich, wenn ich einen
runden Draht durchschneide?«
ANTWORT: »Ein Trapez.«

Zwei benachbarte Winkel ergeben 180°, zwei gegenüberliegende auch.

Die Innenwinkelsumme ist größer als die Außenwinkelsumme.

Die Hypothese liegt links vom Winkel.

$a^2 + b^2 = c^2$
$5^2 + 4^2 = c^2$
$10 + 8 = c^2$

Die Differenz von Cosinüssen kann man als Einheit *|* erkennen.

Das Prinzip von Kavallerie ist wichtig
für die Volumenberechnung.

Das Volumen eines Kreises berechne ich doch mit
$V = x \, r/2 \, x \, h$?

Die Proportionale steigt umgekehrt, deswegen ist sie
umgekehrt proportional.

Wo keine Potenz ist, kann man auch
nichts runterholen.

Wenn der Faktor kleiner 1 ist, dann ist das eine Verstauchung.

Die höheren Funktionen bezeichnet man als Funktionen
Enten Grades.

Es muss Null rauskommen, wenn ich einen Vektor mit sich selber paare.

Wieso machen wir das, wenn da sowieso null rauskommt?

Ich hab die falsche Antwort. Ich brauch ne andere Frage!

Wie ist die Mathearbeit denn ausgelaufen?

Die Gleichungen haben den Test passiert.

LEHRER: »Erinnere dich, dass du im letzten Jahr
in Englisch auch zwei 5en geschrieben hast,
in Mathe wird es auch bestimmt klappen, wenn
du dich anstrengst.«

In Mathe füllte ich mich immer unterdrückt.

Könnten wir heute nicht irgendwas knallen?

Auch wenn man nicht immer weiß, was eigentlich genau passiert, geschweige denn warum, ist der Chemieunterricht etwas ganz Besonderes. Auch hier werden wie in anderen Fächern zwar Fragen beantwortet, die ein Durchschnitts-schüler von selbst nie stellen würde, aber immerhin auf sehr unterhaltsame Weise, und so ist denn auch für fast jeden etwas dabei: Der eine ist interessiert, der andere genießt das Spektakel, das alle menschlichen Sinne stimuliert.

Heute hatten wir Chemie. Am besten gefallen haben mir die Versuchungen.

Mit zunehmenden Alter der Erde werden die Atome müde.

In einem Atom gibt es Elektronen und Pronomen.

Die Elementarteilchen im Atom sind: Gold, Silber und Bronze.

FRAGE: »Was passiert mit Gold, wenn man es an der freien Luft liegen lässt?«
ANTWORT: »Es wird gestohlen.«

Atome bestehen aus C und H.

Kohle entsteht aus Stahl.

FRAGE: »Woraus besteht Bronze?«
ANTWORT: »Aus Kupfer und Zimt.«

Luft besteht aus vielen kleinen Artikeln.

LEHRER: »... dann erhält man Sauerstoff und ein freies
    Proton. Und wofür kann man den Sauerstoff dann
    verwenden?«
SCHÜLER: »Zum Atmen!«

Sauerstoff besteht aus Weißkohl.

FRAGE: »Was ist der wichtigste Bestandteil der Luft?«
ANTWORT: »Whisky!«

Die verschiedenen Stoffe sind flüssig, weil sie aus Gas sind.

Bei 100 % Luftfeuchtigkeit wird gasförmige Luft flüssig.

Die kleinsten Teilchen von Wasserstoff sind Bakterien,
die von Sauerstoff Bazillen.

Auf chemisch heißt Wasser H_2O.

FRAGE: »Worin unterscheidet sich Süß- von
    Salzwasser?«
ANTWORT: »Geschmack?«

LEHRER: »Wie gewinnt man Salz aus dem Meer?«
SCHÜLER: »Man fährt mit dem Schlepper raus und fängt
   es mit dem Netz ein?«

Zu einem Mineralwasser gehört alles, wo Mineralien drin
sind, wie Eisen, Blech, Blei und andere Sachen.

Sagen wir, Wasserstoff-Indikator hat eine ganz bestimmte
Farbe. Nehmen wir an – farblos.

Jeder Körper, der in eine Flüssigkeit taucht, kommt feucht
wieder raus.

LEHRER: »Alkohol ist unter anderem auch ein gutes
   Lösungsmittel.«
SCHÜLERIN: »Ja, für Probleme und so.«

FRAGE: »In was werden Zucker und Sauerstoff
   umgewandelt?«
ANTWORT: »In einen Menschen.«

Zucker ist doch bestimmt n Salz, oder?

Das Salz der Zitronensäure heißt Zitronat.

Das ist keine Säure, das ist laugisch!

Der Ph-Wert ist rot.

Affinität ist so was wie Erotik zwischen Enzym und
Substrat.

Der Quecksilberdampf hat eine gewichste Dichte.

Magnesium verbrennt sich elektronisch und wird silber-grau.

Das Weiße hier, das ist der gelbe Phosphor.

Was bedeutet denn Folklore? Kommt das von Chlor?

Polystyrol ist ein interessantes Haushaltsgerät.

Pasteur hat das Pasteurisieren erfunden. Das braucht man beim Operieren, da gibt man das Besteck hinein.

Und geben Sie die Pigmente unter starkem Röhren dazu!

> **FRAGE: »Nenne die Eigenschaften von Methan.«**
> **ANTWORT: »Methan schadet der Umwelt und**
> **meiner Chemie-Note.«**

Dann haben wir das Reagenzglas mit dem Busenbrenner erhitzt.

Das Umrühren des Glases führt dazu, dass die Flüssigkeit sich erwärmt.

Den Stoff zieht ihr euch zu Hause noch mal rein!

Schmetterlinge und andere Vögel

Auch wenn man manchmal den Eindruck gewinnen könnte, sind wir nicht allein auf der Erde. Die Vielfalt um uns herum ist sehr imposant, und es lohnt sich, sie zu beschreiben, vielleicht sogar zu ergründen. Vielleicht ist Biologie gerade deswegen so beliebt bei Schülern, weil sie sich mit den Dingen befasst, die uns von klein auf beschäftigen. Man sieht etwas, man will wissen, wie es heißt und was man damit machen kann, und man bekommt die Antworten sofort. Vielleicht sind aber auch alle Biolehrer und -lehrerinnen von Haus aus coole Typen, denen man einfach gern zuhört. Außerdem bekommt man meistens gute Noten, weil alles so leicht verständlich ist. Oder vielleicht doch nicht?

Biologie ist, was in der Biotonne geschieht. Physik ist Mathematik und was in der brennenden Kerze vorgeht.

Bei Humboldt finden sich einige Parallelen zur Erziehung von Einstein.

Darwin war auch schon ein Fetischist.

Zuerst entwickelten sich Einzeller, dann Würmer und Weichtiere, dann Fische, Amphibien, Kriechtiere, Vögel und Säugetiere. Und am letzten Tag schuf Gott den Menschen.

Und dann hat Mendel die Saaterbsen gekreuzigt.

Kreuzt man zwei mischerbige Lebewesen, so erhält man verschiedenspaltige, zahlförmige Nachkommen.

In der Zelle sind wichtige Informationen drin, z. B., was es zum Essen gibt.

Diese Zelle provoziert die Antikörper.

Mitochondrien sind doch die Atomkraftwerke einer Zelle.

Zellulose? Das nennt man doch auch Orangenhaut.

Bakterien kann man nicht töten, es sei denn, man zermatscht sie mit dem Fuß.

Milben ernähren sich von der ganzen lebenden Materie.

Es gibt Gräser, Büsche und andere Baumarten.

FRAGE: »Woran kannst du erkennen, wie alt ein Baum ist?« ANTWORT: »Ich muss die Nadeln zählen.«

Botaniker können nur bis 4 zählen, alles darüber ist viel. 8 ist fast unendlich.

Ein kleiner Baum legt in einem Jahr nur wenig Holz. |

Die Tollkirsche ist eine tödlich giftige Pflanze, bis oft nach 3–15 Stunden der Tod eintritt.

Die Kartoffel ist chemische Energie, weil sie unter der Erde angebaut wird.

Kartoffeln sind nachtaktive Gewächse.

Kurztagpflanzen beginnen ihr generatives Wachstum erst, wenn die dunklen Nächte länger werden.

In Zuchthäusern wachsen die Pflanzen schneller als in der Freiheit.

FRAGE: »Was machen die Pflanzen mit dem selbst produzierten Traubenzucker?«
ANTWORT: »Sie benutzen ihn, um sich fortzubilden!«

Guten Kompost gibt es auch aus Championmist. |

In dieser Region kommen Pflanzen vor, die an trockenen Standorten wie in leichtem Wasser wachsen können.

Das hat zur Folge, dass die Pflanzen verdunsten.

Tierische Pflanzen haben keine Chloroplasten.

Im Horoskop sieht man, dass der Blattquerschnitt 4-lagig ist.

Wenn man eine Pflanze unter eine Glasklocke stellt, sieht sie alles viel größer.

FRAGE: »Was ist denn eine Rosine?«
ANTWORT: »Eine Omaweintraube.«

Die Orangen werden mit der Zeit weich und verbittert.

Die Tiere gehören mit zu den lebenden Personen.

Fossilisation ist, wenn ein totes Lebewesen stirbt.

Fossilien sind gut erhaltene Lebewesen.

In einem Biosphärenreservat leben ausgestorbene Tiere und Pflanzen.

Tiere fressen die Pflanzen wie Menschen.

Wenn wir die Insektensammlung in unserer Schule betrachten, springt mir immer zuerst der persische Riesenfloh ins Auge.

Ameisen leben als Ameisenhaufen zusammen.

Die Ameisen haben einen eigenen Stab zur Inbetriebnahme der Blattläuse.

Die Hummeln sind röhrenförmige Blüten-Bestäuber.

Bienen leben als Bienennetz zusammen im Baum.

Im Frühling fliegen viele Polen durch die Luft. X

Eine Schnake ist ein Säugetier, weil sie Blut saugt.

FRAGE: »Welche Insekten fressen den Bauern
   die Felder leer?« X
ANTWORT: »Die Mäuse!«

*Ein Wirbeltier ist ein Tier, dass die Wirbelsäule
quer hat. Nicht so wie bei uns Menschen.*

Ich habe gelernt, dass Frösche gerne Rebellen fressen!

Wenn wir den Frosch in Hinsicht auf seinen Schwanz
betrachten, so bemerken wir, dass er keinen hat.

Die Verwandlung der Kaulquappe zum Frosch nennt X
man Menstruation.

Weil in der Wüste kein Wasser zum Waschen ist legen
Schlangen die Haut ab und suchen sich eine neue, X
saubere, die nicht mehr stinkt.

FRAGE: »Wie heißen Tiere, die nachts unterwegs
   sind?« X
ANTWORT: »Vampire.«

Die Fledermäuse sind bedroht, weil ihre Schlumpfwinkel
zerstört werden.

Der Vogel fliegt zum Teil weg, zum Teil bleibt er hier. X

Alle drei Vogelarten stehen auf der Roten Liste und finden dort ihren optimalen Lebensraum.

Beide Schwabenarten bauen ihr Nest aus Schlamm und Lehm.

Nach 14 Tagen Brautzeit schlüpfen die Jungen aus.

Der Kuckuck ist ein Schmarotzer, weil er seine Eier nicht der eigenen Frau zum Ausbrüten überlässt.

Der Specht ist ein Höllenbrüter.

Das ist ein brütender Vogel, der sitzt über den ausgebrüteten Jungen.

X Der innere Wert einer Pute ist für mich ein Putenschnitzel.

Pinguine wachsen an der Küste.

Im März legt der Pinguin meist ein Ei. Das wird dann im Rudel ausgebrütet.

X Ein Schwan sieht ja nur so aus, weil er einen langen Hals hat, ohne den ist er ja auch nur eine Gans.

Die Greifvögel jagen lebende Beute, die mit Hut und Haar verschlungen wird.

Der Bussard ist ein Gifttöter.

Meistens ist der Uhu eine Eule. X

Federn sind wasserabbeißend.

Bei den Fischen ist das so: Die Weibchen legen
die Eier und die Männchen befruchten sie dann. X
Die Menschen machen das genau so, nur innendrin
und unter der Bettdecke.

Und dann vergräbt der Lachs die Leichen im Fluss. |

Die Krapfen wühlen gern im Schlamm nach
Nahrung.

AUFGABE: Nenne ein Tier mit »T«. X
LÖSUNG: Tuntenfisch!

Bei uns gibt es wenig Wasserfische. |

Die Fische in den Gehegen werden geistlich gestört.

AUFGABE: Notiere sechs Organe, die man im Bauch
  des Fisches findet.
LÖSUNG: Herz, Niere, Leber, Lunge, Brust und
  Seele.

Wale sehen zwar aus wie Fische, machen es aber ganz
anders.

Die Wale sind Krebse und Fischer verspeisende Meeres-
säuger.

Wenn der Pottwal gegen den Tintenfisch kämpft,
dann ist kein einziger Fisch beteiligt!

Säugetiere bringen ihre Jungen lebend zur Welt,
außer wenn die Jungen während der Geburt sterben.

Die Zuchtkatze lebt im Zuchthaus.

Der Hund ist ein strebsamer Mensch.

Man kann dem Hund den Knochen aus dem Maul
nehmen, und er spricht kein Wort.

Hunde dürfen nur zu bestimmten Zeiten bellen.
Das gilt übrigens auch für Vögel.

FRAGE: »Wie heißt ein männlicher Hund?«
ANTWORT: »Rüdiger!«

Der Hund hat auch in seinem hinteren Teil noch je zwei
Mahlzähne.

Cockerspanier sind so Tiefergelegte mit langen
Haaren.

Tiere machen oft ihren Dreck nicht in ihre Toilette,
sondern irgendwo ins Zimmer. Sie haben es von ihrem
Herrchen nicht anders gelernt.

Wenn ein Esel Hunger hat, wird er angezogen vom Heu
und vom Knurren seines Magens.

Da gibt es noch das nordsüddeutsche Gelbbraunvieh.

Rinder sind Antilopen, Kühe und Amphibien.

Die Kühe gasen auf der Weide.

Im Gebiss der Kuh befinden sich vorne Reißzähne und hinten Milchzähne.

Kühe sind Wiederkäufer.

FRAGE: »Was ist ein Ochse?«
ANTWORT: »Ein pensionierter Stier.«

Ein Ochse ist sowas wie ein Fuchs.

Wenn ein Ochs ein Euter hat, ist er eine Kuh.

Das Schaf erfreut uns auch nach seinem Tode noch durch den lieblichen Klang seiner Gedärme.

Im Übrigen ist das Schaf in Wolle eingepackt.

Schweine trieb man zur Messe in den Wald.

Das ist ja eine eierlegende Vollmilchsau.

Manchmal nennt man Kamele auch Strampeltiere.

Wir haben gelernt, dass man das Pferd nicht von hinten aufrollen kann.

Pferde, die bloß zum Fahren sind, nennt man Maulesel.

LEHRER: »Was ist schneller: eine Brieftaube oder ein
    Pferd?«
SCHÜLER: »Zu Fuß – ein Pferd!«

Tiger können nicht als Pferde gebraucht werden.

Im Raubtiergebiss befinden sich scharfe Stoßzähne.

Wenn ich einem Tiger begegne, und der Tiger frisst mich
auf, so muss ich das ganz natürlich finden.

Die wilden Tiere dienen zum Leder.

Die Opossums haben ihren Orgasmus perfekt an ihren
Lebensraum angepasst.

Die Murmeltiere und Gemsen blicken aus ihren Löchern.

Diese Zahl gibt an, wie häufig sich eine Gazelle innerhalb
einer Stunde wegen der vielen Richtungswechsel beim
Laufen übergeben muss.

Der gemeine Schimpanse heißt gemein, weil er oft
andere Affen vom Baum schubst.

Der Affe ist die unterste Stufe des menschlichen Geschlechts

Das Schöne auf unserer Erde ist, dass wir alle irgendwie miteinander verwandt sind. Man muss nur weit genug zurückgehen. Und wenn man dann die Richtung wechselt, kommt man irgendwann einmal zur Krone der Schöpfung – zum Menschen. Die Biologie führt uns zwangsläufig zu der Frage, wo wir eigentlich herkommen und was einmal aus uns werden wird. Vielleicht sind viele Schüler im Biologieunterricht ja auch deshalb so bei der Sache, weil es um sie selbst geht und darum, wie sie funktionieren, denn der ganze Körper ist doch im Grunde nichts anderes als Biologie. Ab einem gewissen Alter wird es dann besonders interessant, wenn man beginnt, das Leben mit jeder Faser des Körpers zu spüren.

Die Wirbelsäule ist ein zusammengesetzter Knochen, der den Rücken hinunter läuft. An ihrem oberen Ende sitzt der Kopf, am unteren Ende sitze ich.

Knochen bestehen hauptsächlich aus Salzteig, Milch und Knorpel.

In den Röhrenknochen ist der Knochenmarkt.

Im Wirbelkanal läuft der Rückenmarkt.

Die meisten Menschen bewegen sich auf den Beinen fort. Das ist eine Norm. Das hat sich halt so eingebürgert.

Ein Knie ist ein Scharnier, um das Bein knicken zu können.

Die Gelenkkapsel passt auf, dass die Gelenkschmiere nicht abhaut.

Eine weiche Kapsel nennt man Schleim, eine harte Kapsel nennt man Kapsel.

An den Handgelenken befinden sich Knöpfe.

Je mehr sich die Extremitäten vom warmen Teil des Körpers entfernen, desto kälter werden sie.

Der Schädel hat die Aufgabe, das Gehirn, die Augen und die Ohren vor Druck und Stößen zu schützen. Gäbe es ihn nicht, so würden wir bei dem leichtesten Stoß schon sterben.

Das Gehirn wird vom Schädel und von der Vorhaut geschützt.

Die Hauptteile des Gehirns sind Großgehirn mit Harn und Rinde.

> **SCHÜLER ZUM LEHRER:** »Wollten Sie nicht etwas
> über das menschliche Gehirn erzählen?«
> **LEHRER:** »Nein, heute habe ich etwas anderes im
> Kopf.«

Kinder, deren Kopf noch nicht soweit fortgeschritten ist,
können leicht überredet werden.

Die Nase besteht aus Muskeln und wird in die Luftröhre
gepumpt.

Die Nase hat die Aufgabe die Filterhärchen zu reinigen.

Die Nieren liegen in der linken und rechten
Herzkammer.

Die Leber baut aus Glucose Gallensteine auf.

Das Blut fördert den Kreislauf.

Die Arterien verzweigen sich im ganzen Körper und
führen zu den Orangen.

Die Venen sind die blauen Blutkörperchen.

Rote Blutkörperchen sehen aus wie Mentos.

Eine Trombose ist ein Blasinstrument.

Jeder Mensch hat unter den Rippen zwei Lungen-geflügel.

Hormone sind das langsame Nervensystem im Körper und ist in der Pubertät stark belastet.

Bei der Zwerchfell-Atmung geht das Zwerchfell nach unten und Magen und Leber werden weggeräumt.

In der Lunge wird Fett abgesetzt aus Zapfen.

Die Lunge befördert die Nahrung in den Magen.

Wir machen heute die Verdauung, weiß aber nicht, ob wir da heute noch durchkommen.

Die Verdauung des Menschen beginnt bereits vor dem Körper.

Der Stoff Pepsin arbeitet im Magen des Menschen, da der ziemlich sauer reagiert.

Der Zwölf-Finger-Darm heißt deswegen so, weil er so breit ist wie zwölf Finger nebeneinander. Man braucht also nur beide Hände nebeneinander legen.

Im Gegensatz zum Rindvieh sind die Menschen keine Wiederkäuer. Wenn sie die Nahrung geschlugt haben, bleibt sie endgültig im Magen. Höchstens wenn es einem schlecht ist, kommt sie noch einmal hoch. Aber dann lässt der Mensch sie auch draußen.

Viele Menschen haben eine Hahnblase.

Bald ist der Computer unser wichtigstes Organ.

FRAGE: »Wie heißt der Zeitraum, in dem sich Jungen
  und Mädchen körperlich weiterentwickeln?«
ANTWORT: »Wechseljahre.«

In der Pubertät sind alle Menschen meistens komisch.

In der Pubertät werden Jungen zu Mädchen.

In der Pubertät wachsen Jungen und Mädchen
Schaumhaare.

Die Regel ist keine Überschwemmung.

Die Menstruation ist ein Bluterguss.

Die Regel nennt man auch Monatszirkus!

Das mit den Bienen und Blüten verstehe ich nicht.
Wer wird denn dabei schwanger?

Im Biounterricht haben wir die Genitalbereiche nur ganz
kurz berührt.

Im Zeughaus wurden die neuen Erdenbürger gemacht.

Sexualität ist mehr als alles andere reine Nervensache.
Das hab ich von meinem Onkel.

In der Oral-Phase hängt die Sexualität am Mund.

Beim Sex geht bei der Frau das Ei ab.

Beim Eisprung geht das Ei von einem in den anderen Eierstock.

Die Sperlinge des Mannes befruchten die Eizelle der Frau.

Wenn Penis und Scheide zusammen treffen, entstehen ganz viele Kinder.

Beim Orgasmus rutscht der rechte Hoden des Mannes in den Eierstock der Frau.

Wieso muss man denn beim Arzt untersuchen, ob die Eierstöcke da sind und wie die entwickelt sind? Die hängen doch draußen und dann kann man doch fühlen, dass sie da sind!

Die Befruchtung findet im Krankenhaus statt.

Wenn eine Frau ein Baby erwartet, befindet sie sich in der Schwagerschaft.

Damit es zu einer Schwangerschaft kommt darf der Mann beim Sex nicht Rauchen oder Alkohol trinken!

Die Legalisierung der Schwangerschaft hatte großen Einfluss.

Sobald die Venen einsetzen, beginnt die Geburt.

Aber endlich war es so weit, das Baby kam rutschend heraus.

Ich habe schon immer gewusst, dass auch wir Menschen aus einer Eizelle schlüpfen.

Die Nabelschnur versorgt das Baby, aber nur, wenn die Mutter was ist.

Eineiige Zwillinge sind solche Zwillinge, die nur ein Ei zur Verfügung haben.

Das ist die Fordpflanzung!

Wenn man jung ist und will sich Destillieren lassen und dann später doch noch ein Kind haben will, dann ist es zu spät.

LEHRER: »Nenne ein Verhütungsmittel.«
SCHÜLERIN: »Tampon.«

Koitus Inspiritus ist auf keinen Fall sicher.

Man kann verhüten, wenn man immer mit einem Kondom schläft.

Am Samstag ist unser Fisch schwanger geworden.

Unser nächstes Thema ist Onanie oder Homosexualität. Was sind eure Vorlieben?

Die Liebe gelangt durch die Nase in den Körper

Es wäre zu kurz geblickt, die Schule nur als einen Ort zu sehen, an dem Lehrer versuchen, ihren Schülern eine ganze Menge Fachwissen in Unterricht verpackt nahezubringen. Immerhin verbringt man als Kind und als Jugendlicher einen beträchtlichen Teil seiner Zeit in und mit der Schule, und wenn man dann noch nicht die Nase voll hat, geht man an die Uni und wird anschließend Lehrer. Aber es geht nicht nur um Schüler und Lehrer und deren Verhältnis zueinander. Es geht auch um das Verhältnis zu den Mitschülern und ganz besonders zu jenen Mitschülern, die man mehr als nur ganz nett findet. Um es auf den Punkt zu bringen: In der Schule geht es immer auch um die Liebe, und von vielen Dingen bekommen die Lehrer überhaupt nichts mit.

Eines Tages waren die Leute sehr läufig.

Paartänze wurden getanzt, um Frauen zu importieren.

 Durch angenehme Gerüche eines Partners fühlt man sich leidenschaftlich zueinander hingezogen, in der Nase befindet sich also auch ein G-Punkt.

Die Disco ist ein guter Platz, wo man Beziehungen zwischen zweierlei Geschlechtern aufknüpfen kann.

Nicht zuletzt ist das Moped, mit dem die Jugendlichen leichter Kontakt zum anderen Geschlecht zu knüpfen hoffen, auch eine Vorübung für den Verkehr.

Die Kommunikation funktioniert wunderbar, solange sich die Partner nicht kreuzen.

Eine Frau kann anscheinend nur bei Männern ankommen, wenn sie keine Achselhaare oder sonst irgendwo Haare hat.

Doch diese gutgläubigen Männer fühlen sich durch solche hundertfünfzigprozentigen weiblichen Männer stark bedrängt.

Aus der Statistik geht hervor, dass die Frauen bei $^2/_3$ der Männer liegen.

Nachts hat der Mensch verschiedene Schlafhasen.

Dann erblickte sie ihn. Ihn, der so manchem Mädchen die Augen verdreht hat.

Maria hat sich auf Gregor verliebt.

Er ist jedoch in Eliza bis in beide Ohren verliebt.

Die beiden sind so unterschiedlich wie Nord- und Pluspol.

Sie war froh, dass ihre Freundin ihr ein Ohr verliehen hatte.

Mein Exfreund hat vor genau 4 Tagen mit mir Schluss gemacht, und das seit über 6 Jahren.

Es ist keine Frage von Nivea, wenn man einem Menschen die Meinung sagt.

Frauen dürfen also niemals was bemängeln, sondern immer nur mit Sexappell den Partner bei der Stange halten.

Er hat ohne Vorahnung Schluss gemacht.

Und ich war mir sicher dass nichts diese Beziehung erschüttern kann und er der Mann meiner Kinder sein wird.

9 Monate hab ich in der Woche auf ihn gewartet.

Es gab auch nie irgendwie ein ungerades Wort oder so.

Es ist nicht so, dass ich alle Männer unter einem Kamm schere.

In einer Beziehung muss das Wort »Liebe« erst einmal entwickelt werden.

Danach haben wir uns wieder vertragen und uns fest in die Armee geschlossen.

Irgendwie hasst du recht!

Marcus liebte Julia so sehr, dass er nicht umhin konnte, die ganze Nacht vor ihrem Hause zu stehen und sein Auge an ihr Fenster zu werfen.

Er verehrte sie nicht nur körperlich sondern auch als Geist.

Er versprach, ihr jeden Stein vom Himmel zu holen.

Er wusste, dass er einer toten Hoffnung nachjagte.

Und dann gefror er mitten im Schritt.

Die vier Füße des Bettes sind mittlerweile schon abgebrochen, da seine Freundin auf Besuch war.

Er ist ein eingeschweißter Single.

Bei seinem Freund wollte er sein Herz ausschütteln.

Nach ihrer letzten gescheiterten Beziehung hat Lara die Männer abgehackt.

Ihre Freunde wollten nicht, dass sie mit Klaus befreundschaftet war.

Es kommt zu Auseinanderstreitungen.

Am Ende war die Endtäuschung bei allen Beteiligten groß.

Bei ihrem Liebsten entlüftet sie schließlich ihr Geheimnis.

Bevor ich auf die Welt kam, mussten meine Eltern mit sich selbst spielen.

Das waren Momente, in denen die Selbstbefriedigung zu vorher unzugänglichen Glücksgefühlen gelang.

Früher habe ich immer mit meinem Bruder gestritten, jetzt haben wir uns wieder befriedigt.

Natürlich habe ich auch Kontakt zu weiblichen Frauen.

Ich schlaf ja auch mit Frauen, nämlich mit meiner Mama.

Ich dachte mir nichts dabei und ging mit meiner Schwester ins Bett.

Zum dritten Mal verzweifelte die Schwester und gab sich hin.

Meine Schwester ist mit 2 Jahren mit ihrem Freund zusammengezogen.

Ganz besonders gut gefallen hat mir die Streichelklasse. Dazu gingen wir immer in die Merkzweckhalle.

Seit Sonntag sind meine Exfreundin und ich zertrennte Menschen.

SCHÜLER 1: »Frau Lehrerin, wie machen wir
denn des im Schullandheim, wer mit wem
schläft?«
LEHRERIN: »Ich würde vorschlagen, dass wir uns
in Zweiergruppen paaren sollten!«
SCHÜLER 2: »Also, ich will nicht mit jemandem
schlafen. Ich kenne auch keinen, der mit
jemandem schlafen will, und glaub nicht, dass
das jemand will.«
LEHRERIN: »Ich würd sagen, die Jungs holen die
Matten und die Mädchen sorgen für die Latten
und Ständer.«
SCHÜLER 1: »Meinen Sie des jetzt erotisch oder
is' des Ihr Ernst?«

Ursel, die schon so manchen Jungen den Hals
verdreht hat.

Sie sind eine sehr interessante Frau und ich würge
gerne mehr über Sie erfahren.

Mich wundert, weshalb, die Mutter sie alleine zur
Begattung gehen lässt.

Sie benutzt Männer wie andere Leute Waschlappen.

Als ich das erfahren habe habe ich sie auf mein Bett
geschissen zum Glück hat sie sich nicht weh getan.

Wir blickten uns lange in die Augen, aber leider habe ich weggeguckt.

Sie hat mich zu ihrem Sklaven gemacht. Ja, ich habe mir von ihr das Rückrad ausbauen lassen.

Ich wusste nicht, was ich tun sollte. Mein Gefühl sagte mir etwas anderes als der Versand.

Auf keinen Fall werde ich heiraten und Kinder haben, obwohl die Anschaffung von Kindern ja recht lustig sein soll.

Zu einer richtigen Ehe gehört das Heiraten einfach dazu.

Heute ist Ehe, wenn sich Mann und Frau streiten, aber nicht zu viel.

Da sagte der Pfarrer: »Nun dürft ihr euch küssen, bis der Tod euch scheidet.«

Mozarts Mutter strippt in Paris

*Viel unmittelbarer als mit Worten lassen sich große
Gefühle mit Musik ausdrücken, aber auch das will erst
einmal gelernt sein. Die Schule macht's möglich,
aber unglücklicherweise braucht man als Musikschüler
nicht nur ein Minimum an Talent und eine passable
Stimme, sondern wird obendrein noch mit allerlei
theoretischem Hintergrundwissen gefüttert. Aber was
soll's? Lernt man das halt auch noch.*

Die Tonleiter geht »a e i o u«.

Ein Stereotyp ist ein Typ, der besonders laut immer
Musik macht.

Die hohen Töne sind leiser als die lauten.

Die Kadenz ist doch ursprünglich eine Pause,
wo der Solist mal darf.

Es gibt verschiedene Taktarten: Zweitakter und
Viertakter.

Steht ein Auflösezeichen im Takt, so löst sich alles in Wohlgefallen auf und wird taktlos.

Der Kontrapunkt ist die Lehre vom Gegenteil.

Wir freuen uns auf den argentinischen Tanga.

> **LEHRER:** »Wisst ihr, was ein Kanon ist?«
> **SCHÜLER 1:** »Damit schießt man Kugeln auf Schiffe!«
> **SCHÜLER 2:** »Nein, du blöde Nuss, damit fährt man auf einem Fluss!«

Wie schön ist es doch, wenn sich zwei oder drei Menschen zu einem Quartett zusammenfinden.

Ich war diese Woche nur zum Schnüffeln im Chor.

Das größte Musikinstrument ist der Konzernflügel.

Die Orgel wird heute von einem Kompressor gespeist, früher vom Balkan.

Sie können nicht verhindern, dass es beim Blasen nass wird.

In der Combo sind die Instrumente sozialistisch besetzt.

Ein Dirigent hört alle falschen Töne, selbst die,
die ganz von hinten kommen.

Im Blues drückte das Saxophon sein Elend aus.

Der Chronograph trainiert die Tänzer.

Wir gingen in die Oper. Auch Vater hatte sein bestes
Abendkleid an.

Kinder dürfen an der Veranstaltung nur in der Bekleidung
eines Erwachsenen teilnehmen.

Vier Sänger, darunter eine Sängerin, gaben ein Konzert.

Das Publikum bei unserer Aufführung war bis auf den
letzten Platz ausverkauft.

Eine Uraufführung ist eine Aufführung im Wald.

*Das Vorspiel bei einer Oper
nennt man Konfitüre.*

Eine Oper ist so etwas wie eine Bänd, wo man hoch
und tief singt.

Bei Frauen muss man aufpassen. Die können manchmal
zur Arie werden.

Zwischen zwei Arien wird immer ein Minarett gespielt.
Nach der Durchführung kommt die Rendite.

Komische Figuren singen eine Buffalo-Stimme.

Früher wollte man den Stimmbruch verbieten, so entstand das Kastrat.

Die Klassik war kurz vor dem 1. Weltkrieg.
Die Menschen hatten Angst und wurden mit klassischer Musik beruhigt.

Die Romantiker drückten Ihre
Sehnsüchte in Töne.

Mozart hat seit seiner Geburt finanzielle Probleme, da er sehr verschwenderisch war.

Mozart hatte nicht einmal genug Geld, um sich seine Beerdigung leisten zu können.

Mozart reiste mit seiner Schwester, die ihn sehr musikalisch bekleidete.

Franz Schubert stammte aus einer Familie. Sein Vater war Lehrer, ein damals miserabler, aber bezahlter.

Schubert besuchte manchmal seine Enttäuschungen im Alkohol.

FRAGE: »Was war denn Haydn von Beruf?«
ANTWORT: »Komponister.«

Unter anderem komponierte Händel die Feuerwehrmusik.

Beethoven starb mit 100 Wienern. ✗

Es bilden sich sofort Menschentrauben, wenn Bruno ✗
Mars irgendwo austritt.

Chopin feierte dieses Jahr seinen 150. Todestag. ✗

Die Lehrerin sagt
ich bin künstlich begabt

Über Geschmack lässt sich bekanntlich nicht streiten, wenigstens nicht sehr ergiebig, und so kann man sich im Kunstunterricht mal so richtig austoben, solange man nicht irgendwelche Gegenstände abmalen soll. Und falls doch einmal? Augen zu und durch! Die großen Künstler sind schließlich auch nur groß geworden, weil sie unbeirrt ihren eigenen Weg gegangen sind.

 Auch ein Künstler muss sich entleeren, aber auf eine andere Weise.

Man sieht drei Farben: Rot, Gelb, Grün und Blau.

Die Figur schnitzte man wahrscheinlich in Afrika oder zumindest in der Sahara.

Modellieren ist eine Kunst, die aus Ton gemacht wird.

FRAGE: »Welche Dinge kennt ihr denn,
    die aus Ton sind?«
ANTWORT: »Tonpapier.«

Der romanische Stil ist rund.

Der Dom wurde mit einem romanischen Stiel erbaut.
Deshalb ist er so dunkel.

FRAGE: »Aus welchem Teilgebiet der bildenden Künste
stammt der Expressionismus ursprünglich?«
ANTWORT: »Aus Österreich.«

Abstrakte Malerei erkennt man an den kantigen Köpfen.

Der Maler hat dieses Bild mit Öl gemahlen.

In der Mitte des Bildes fallen fünf lebensgroße
Wurstscheiben ins Auge.

Auf einmal lässt der Vater den Pinsel und die Farbe
im Stich.

Er drohte dem Maler das Gericht auf den Hals.

Van Gogh, den kennen Sie auch alle, diesen Wüstling
mit den dollen Strichen.

Aufgabe: Bildbeschreibung

**SCHÜLER: »Was ist denn das da für ein Ding mit den
langen zotteligen Haaren?«** (gemeint war ein Hund)
LEHRER: »Ich kenne nicht alle Schüler mit Namen.«

Wer backt Tante Emilie?

Nein, die Schule ist keineswegs ein Ort, an dem man nur theoretische und schöngeistige Dinge lernt, die im späteren Leben niemand mehr braucht. In der Schule werden auch nützliche und praktische Dinge gelernt, wie zum Beispiel kochen. Mit dem ein oder anderen Rezept kann man vielleicht sogar die Gunst der oder des Angebeteten gewinnen. Und falls doch nicht: Halb so schlimm, solange es schmeckt. Das Essen ist auf jeden Fall ein großes Thema, an dem kein Schüler so leicht vorbeikommt.

Gestern gab es Marottensalat.

Das Ei schlägt man in der Mitte der Breite auf.

Stellen Sie die Pfanne auf die Herdplatte und drehen Sie bitte auf 7 Grad.

Dann tut man den Zwiebel in das inzwischen erhitzte Öl. Dann lasse man es ordentlich brunzeln.

Wenn das Eiklar weiß ist, muss man den Herd abdrehen und das gewünschte Gewürz darüberstreuen.

Wenn die Eier fertig sind, nimmt man die Pfanne vom Herd und serviert sie mit Brot.

Gib alle Zutaten in den Mixer. Danach alles zusammenschlagen.

Schlagfertig bedeutet das etwas fertig zum schlagen ist wie z. B. Schlagsahne.

Stell das Blech in den Backofen. Wenn es abgekühlt ist, in Stücke schneiden.

Dann nehmen ich meine Hände zur Hand und fülle die Zutaten in den Topf.

Für den Fisch nehme ich ein Schnitzel.

Beim Brauen werden Wasser und Malz hinzugefühlt.

Die Gartentemperatur muss bei 70 Grad liegen.

Ich habe mir den Daumen geschält.

FRAGE: »Warum gibt man ins Spaghettiwasser etwas Öl?«
ANTWORT: »Damit sie sich nicht vermehren!«

FRAGE: »Wie kann man das Verderben von Fett verhindern?«
ANTWORT: »Indem man es gleich wegschüttet.«

Man muss die Schokolade in kleine Stücke schneidern.

Nicht jeder Mensch ist Schokolade.

Eine Delikatesse ist ein ausländischer Vogel.

Pasta Rabiata heißt auf deutsch saure Nudeln.

Das Roßbief ist ein besonders gutes Stück vom Pferd.

FRAGE: »Welchen Nutzen haben wir von der Kuh?«
ANTWORT: »Sie wird gegessen und getrunken.«

FRAGE: »Was ist eine Bagatelle?«
ANTWORT: »Eine kleine Speise zum Essen.«

Ich hab mir vorgenommen, nie mehr mit vollem Mund
zu essen.

Ich esse nur Biofleisch. Das ist Fleisch von Tieren,
die eines natürlichen Todes gestorben sind.

Unser neues Haus hat sogar Rouladen an den Fenstern.

Ich stehe um 7 auf. Dann esse ich mich zum Frühstück.

Ich habe zum Frühstück einen Toaster gegessen!

Meine Mutter hat mich gut erzogen und jeden Tag gekocht. X

Die feine Lasagne wartete nach getaner Arbeit.

Wenn ich von der Schule heimkomme, gibt es ein X
narrhaftes Mittagessen.

Gestern habe ich ein halbes Hündchen gegessen. X

Vor dem Speisen wird noch gegessen.

Nach dem Essen hat man nicht soviel Hirn im Blut. X

Zuhause besorgt meine Mutter selten Fruchtsäfte,
die nur aus Kunststoff bestehen.

Ich war einkaufen. Ich habe viele Gifte für meine Familie
gekauft!

Wir haben kostenlos Würstchen verkauft.

Meine Großmutter kommt. Sie muss ihre
Sachen ausziehen und mitessen.

Meine Mama hat gekocht und ich habe inzwischen den X
Tisch hingerichtet.

Der Tisch wurde mit Pfeilchen geschmückt.

Wir setzen uns alle zusammen auf den Tisch und essen
dann gemeinsam.

Die Eltern warten gemeinsam mit der Marmelade, dem Brot, der Butter und dem dampfenden Kaffee auf die Tochter.

Viele meiner Freunde starben täglich an Hunger.

X Ich bin schon ganz verhungrigt.

X Da unsere Mägen stark nach Hunger knurrten, bestellten wir die Speisekarte.

X Ich hatte eine Pizza und Papa ein Lachsteak.

Als er die badende Frau sah, befahl er, man solle sie ihm zum Essen bringen.

X Früher hat man immer die Auffassung vertreten, dass die Ehefrau auf den Herd gehört.

X Die Wirtin brachte den Kuchen in das Zimmer und alle setzten sich darauf.

Die Wilden hatten den Kessel bereits vorgeheizt und mit Gemüse vermischt.

X Die Würstchen und die Steaks brutzelten schon auf dem Grill. Nur Ingo fehlte noch.

X Er hat mich den ganzen langen Abend nicht angebraten, obwohl ichs ihm wirklich leicht gemacht hätte.

Ein Tafelaufsatz mit einem gewaltigen Schwein wurde dem Tisch serviert.

Plötzlich entdeckte er sein Zeugnis auf dem Nachtisch.

Das Kind darf mit seinem Vater den Weihnachtsbaum schmecken.

Kinder schmecken besser als Erwachsene.

Karpfen schmecken 50-mal besser als Menschen.

Sorry, aber ich hab mich grad selbst verschluckt.

Nach dem Essen kannst du das Tablett mit deinen Überresten stehen lassen.

Nun wünsche ich dir und deinen Mitessern guten Appetit.

Ich will Kocher werden

Für all die Fehler, die Schüler machen, muss man doch sehr viel Verständnis aufbringen, denn als Schüler muss man an so viele Dinge gleichzeitig denken, dass schon mal etwas danebengehen kann. Man soll sich jeden Tag auf den Unterricht vorbereiten in vielen verschiedenen Fächern, man soll sich in der Schule konzentrieren, obwohl das nicht immer ganz einfach ist, man soll mit Lehrern, Eltern und Mitschülern zurechtkommen, und dann soll man auch noch an die eigene Zukunft denken: Was mache ich bloß, wenn ich mit der Schule erst einmal fertig bin? Für Freizeit bleibt da fast keine Zeit mehr. Kein Wunder, dass man auf komische Gedanken kommen kann.

Ich habe kein spezielles Gebiet, wo ich meine Freizeit ausübe.

Man sollte den Nebenjob nicht vor die Schule stellen.

Mir gefällt am berufsorientierten Tag, dass ich mit Maschinen zusammen sein kann.

Ich werd Fachkraf für Lagerwirtschaf. ✗

Ich werde irgendwann mal Mönchin. ✗

Ich möchte die kriminelle Laufbahn einschlagen, weil ✗
mein Onkel, der Polizist ist, so viel Spaß dabei hat.

Ich möchte Eisdealer werden. ✗

Ich bewerbe mich als Dachdeckellehrling. ✗

Der Hirte hütet die Schärfe.

Der deutsche Handwerksmeister kommt immer
mit seinem Lehrling, denn das deutsche Handwerk ist
traditionell hierarchisch strukturiert.

Wir mussten alle auf einer Fräsmaschine zusammen
kommen.

Wir feilten, bis die Hände rauchten. ✗

Ich war als Bohrer tätig. ✗

Der Installateur repariert das Problem.

Es ist wichtig, dass man dabei Wahnschutzkleidung
trägt.

Ich werde ihnen natürlich gerne unter die Ärmel ✗
greifen.

Die meisten Leute sind in der Metallindustrie, manche waren aber auch in den Nahrungsmitteln.

Der Metzger sieht dem Tier das Fell ab.

Der Fleischer verfeinert die Arbeit des Metzgers.

Als Aushilfe in der Metzgerei war er mit dem Ausweiden, Zerteilen und Bedienen der Kunden beschäftigt.

Kunden sollten nur von einer Person Infanggenommen werden.

Mein Meister ist zufrieden mit mir. Er hat mich schon dreimal totstechen lassen und wenn ich mich gut halte, so wird er mich auch bald schlachten lassen.

Während dieser Zeit habe ich auch ein Praktikum absorbiert.

Beim Praktikum wurden mir keine Anforderungen zugeteilt.

Ich habe an Kenntnis zugenommen.

Ich war das einzige männliche Geschlecht.

Mein Vater ist Restaurateur. Er hat ein sehr gutes X
Restaurant.

Ich arbeite als Küche und habe natürlich nicht überaus X
viel Freizeit.

Der Koch arbeitet in Gaststätten und in Quarantänen. X

Hier arbeite ich mit den Krankenschwestern und dem X
Krakenpfleger zusammen.

Das Sortiment hängt davon ab, wie der Großhändler
sich fühlt.

Die Vermessung ist mit der Mathematik, der Astronomie
und der Gastronomie verwandt.

In der Raumstation können sieben Wissenschaftler aus X
14 Ländern arbeiten.

Im Büro sitzen die Mitarbeiter X
an ihren Schreitischen.

Die Arbeitskosten besagen etwas über die X
Lohnkosten.

Der Unternehmer bezahlt jedem Arbeitnehmer X
mindestens 1500 Euro pro Kopf.

Frauen haben pro Woche etwa 30 Stunden Freizeit.
Die Männer liegen etwa drei Stunden über den Frauen. X

Damit sind 10,6 Prozent aller Beschäftigten arbeitslos.

X Die steigende Arbeitslosigkeit lässt die Menschen ohne
Beschäftigung herumlaufen.

X Es wird ein paar Arbeitsplätze geben für Steuerberater;
für richtige Menschen jedoch nicht.

X Wegen der großen Arbeitslosigkeit lassen sich viele
Männer zu Frauen umfunktionieren.

X Wenn man von diesen 5 Millionen Arbeitslosen
nur 10 Millionen vermitteln würde, wäre das schon
ein Fortschritt.

X Die Arbeitslosenrate sinkt. Deswegen haben wir einen
Abschwung.

X *In den letzten Jahren wurde
das Rentenniveau kontinuierlich abgesent.*

X Wir sind bereit, unseren zukünftigen Arbeitgebern
in die Augen zu treten.

Die Bundesregierung soll der Gemeinheit dienen

Wie war das noch mal in unserem Land? Wer entscheidet darüber, was richtig und was falsch ist, was man tun oder was man besser lassen sollte? Richtig! Die Lehrer sind es, und wenn die es nicht sind, dann sind es die Eltern. Und was war mit den Politikern? Die machen doch eh, was sie wollen. Über die Politikverdrossenheit wird dieser Tage sehr viel geredet, aber wenn man mal genau hinsieht, erkennt man, dass Schüler haarscharf registrieren, was Sache ist.

Einigkeit und Recht und Freizeit [...] danach lasst uns alle sterben.

Die Bundeswehr verteidigt die Freizeit der Deutschen.

Artikel 1 Grundgesetz: Jeder Mensch ist gleichgültig.

Das Parlament setzt sich aus Deportierten zusammen.

Die Insassen des Parlaments werden gewählt.

Die Sitze im Parlament sind wie die Tortenstückchen in einem Kuchenstück.

Der Bundestag ist der Zusammenschluss von Regierung und Opposition.

X Demokratie ist, wenn Frau Merkel was sagt und das wird dann gemacht.

X Herrschen tut in der Demokratie eigentlich ein Führer.

X Ein Konzil führt das Land an, aber er ist nicht der König.

X Ja, da oben sind die Fürsten ... und darunter kommen die Bischöfe und Päpste.

| Das Volk soll sich gegen die Herrschaft des Königs aufbrausen.

X Bei der Wahl darf niemand gefilmt werden.

X Wenn man gewählt wird, kann man im Bundestag kommen.

| Parteien, die keine 5 % erreichen, nehmen nicht teil.

Die griechischen Abgeordneten haben sich selbst gewählt.

X Der Bundeskanzler schlägt die Minister vor dem Bundespräsidenten.

> **LEHRER:** »Was macht der Bundestag?«
> **SCHÜLER 1:** »Gesetze verabschieden.«
> **SCHÜLER 2:** »Wohin gehen die denn?«

Bundeskanzlerin Merkel wurde von Gott eingesetzt.

Meine Lehrerin hat aber gesagt, dass Frau Merkel unsere Bundeskünstlerin ist!

Bundesstaat heißt, dass in einem Land 2 bis 6 Leute regieren.

Dürfen wir uns auch neue Bundesländer ausdenken und die dann bunt anmalen?

LEHRER: »Was ist der Landtag?«
SCHÜLER: »Das ist in den Ferien, wenn man auf einem Kreuzfahrtschiff oder so ist und dann legt man an und geht an Land.«

Beim Besuch des Regierungsgebäudes in Mainz durften wir auch in das Arbeitszimmer des Minister-präsidenten schauen. Da hängt ein Landschaftsbild, das so menschlich ist, dass selbst die Kühe darin nicht fehlten.

Der Wagen des Präsidents wurde von einer Polizei-konsorte begleitet.

X Bei unserem Bürgermeister freut man sich, dass er unter Umständen auch einen starken Ton von sich geben kann, der weithin vernommen wird.

X Schäuble ist innerhalb der CDU aufs Abstellgleis gerollt.

Sie trafen sich im Tierheim und sprachen über Demokratie.

Wir haben über die Einfuhr der Frauenquote diskutiert.

Ich persönlich finde die Argumente für die Contraseite schlüssiger und übergreifender.

Im Fernsehen haben die Reaktionsmitglieder eine eigene politische Grundeinstellung.

X Bei der Demonstration sind mehrere hundert Protestanten durch die Innenstadt gezogen.

X FRAGE: »Welcher Inselstaat wird seit x Jahren von Fidel Castro regiert?«
ANTWORT: »Brasilien?«

X Als man ihm eine Havana anbot, dankte er ab.

Kann man Papiergeld von der Steuer absetzen?

1492 entdeckte Christus Kolumbien

Nein, es war nicht immer alles so, wie es heute ist, sondern anders, und weil man sich aus dem Wissen über die Vergangenheit Erkenntnisse über die Gegenwart und sogar über die Zukunft verspricht, warten auch im Geschichtsunterricht jede Menge Fragen und Antworten auf den Schüler. Die Crux ist, dass man sich dabei so viel merken muss. Wie war es denn damals und vor allem wann? Aber reicht denn nicht eine ungefähre Vorstellung? Heißt denn Geschichte nicht, dass man eine Geschichte erzählen soll?

Die Menschen in der Steinzeit sammelten Nüsse und Bären.

Die Steinmännchen lebten in Höhlen.

Früher hatten wir das Matriarchat, dann kam das Patriarchat, und heute haben wir das Sekretariat.

In der patriarchalischen Gesellschaft gab es die Küchenrolle der Frau.

Die alten Ägypter waren bekannt für ihre Mumien. Das waren eingemachte Könige.

Der Pharao schlug manchmal Kinder und sogar Katzen tot.

In Ägypten durfte man keinen Jungen gebären.

> **LEHRER:** »**Warum wurden zum Pyramidenbau**
> **Menschen und nicht Tiere genommen?**«
> **SCHÜLER:** »**Naja, Menschen tun das für ihre Götter,**
> **aber so 'ner Kuh fehlt doch jegliche Motivation!**«

Ohne die Griechen hätten wir keine Geschichte.

Griechisch und Bayerisch haben viel gemeinsam, man sagt z.B.
nicht »der blöde Saudepp«, sondern »der Saudepp, der blöde«!

Es ist nicht sicher, dass Homer überhaupt gelebt hat.
Aber wir wissen, dass er blind war.

LEHRER: »Der größte Herrscher war ja wohl ...?«
SCHÜLER: »Peter Alexander?«

Alexander der Große strebte nicht so sehr nach
Eroberungen, sondern nach Rum.

Pythagoras war ein griechischer Sphylophosoph.

Also mit anderen Worten: Die alten Griechen kristali-
sierten sich.

Alle armen Leute in Athen kauften sich einen alten Topf und legten sich hinein.

Wenn die Griechen nach Delphi kamen, erhielten sie dort von einer Frau zweideutige Antworten.

FRAGE: »Was ist an der Betrachtung von Sklaven bei uns anders als im alten Griechenland?«
ANTWORT: »Bei uns werden die gut bezahlt!«

Sodom teilte alle Griechen in vier Teile.

Aus einer Geschichtsarbeit

AUFGABE: Korrigiere folgende Aussage aus der Altsteinzeit: Die Menschen damals lebten nur mit ihren Kindern zusammen.
LÖSUNG: Falsch! Damals hatte man noch keine Kinder.

In Griechenland kann man noch heute die antiken Amphibienthater besichtigen.

Mittag ist eine Zeit, wo man im Altertum einschläft.

Sklaven mit muskulösen Augen standen zum Verkauf bereit.

Dass die Römer mehrere Frauen hatten, ist eine türkische Einrichtung.

Die Patrizier und Plebejer durften jetzt heiraten und
wurden dadurch geschmolzen.

Wenn die toten Gladiatoren in die Arena zogen,
brüllten sie dem Herrscher zu: Affe Cäsar!

Die Römer konnten sich nicht formatieren, so hatten sie keine Chance.

Es gab 15 Auguren; wenn einer starb, waren es nur noch
14, diese wählten dann nach dem Tode des Kollegen den
Fünfzehnten aus ihrer Mitte.

Wenn die Bauern aus dem Krieg heimkamen, waren sie
oft krank, verwundet oder sogar tod. Sie mussten deshalb
ihre Höfe verkaufen und nach Rom ziehen.

Im Oktober 45 v. Chr. war Caesar nur drei Monate lang in
Rom. Danach wurde er mehr oder weniger umgebracht.

Vespasian hat das stark eisenhaltige Rumänien
unterworfen.

Tacitus starb 116 n. Chr. Ob er noch länger gelebt hat,
wissen wir nicht.

Die einzige Handschrift, die wir von Tacitus haben,
ist verbrannt.

Bei den Kimbern kämpften die Frauen bis auf den
letzten Mann tapfer mit.

Doch die Verteidiger schissen mit Pfeilen auf den
Feind hinunter.

Die Soldaten kamen alle um, aber sie waren nicht alle tot.

Im Mittelalter lebten die Menschen in kleinen Hüten.

Die Zeit, als die Frauen die Kinderdrückenden waren ...

Im Mittelalter hat gar keinen interessiert, was die
Frauen selber wollten. Frauen waren im Mittelalter
nicht sehr gefragt.

Die Frau war am angesehensten, wenn sie viele Söhne
gebar, ebenso der Ehemann.

Früher ließen sich die Hausfrauen oft selber
das Fett aus.

Hexen wurden damals verbrannt und heute steckt
man sie ins Gefängnis. Heute können sie Rechtsanwälte
bekommen, damals waren sie auf sich gestellt.

Im Mittelalter gab es drei Stände: die Geistlichen,
die Ekligen und die Bauern.

Jeder hatte Auf- und Abstiegsmöglichkeiten.
Diese Chance ließ sich der Adel nicht entgehen.

Im Mittelalter konnten die freien Bauern heiraten und
jagen wann und wen sie wollten.

Karl hat was mit dem Papst angefangen, drum hat
der ihn zum Kaiser gesalbt.

Er hatte Nachkommen sozialreich wie die Sterne.

Karl meinte, er sei der Nachfolger der weströmischen Kaiser
und er stehe gleichgültig neben dem Kaiser von Byzanz.

Bei den Franken konnte nur ein Merowinger König
werden, weil die Merowinger vom Adel abstanden.

Die Ritter brachten Heu und Pferdemist von den
Kreuzzügen mit.

Die Ruinen wurden 1388 gebaut.

1492 entdeckt Napoleon Amerika. Eigentlich wollte er
nach Indien, um Gewürze zu kaufen.

Er wurde nach Neuseeland geschickt, um dort die
Zivilisation einzuführen.

Er kam durch Gegenden, wo den Leuten der Hunger
im Gesicht stand.

Um Skorbut zu verhindern, aßen sie Kräuter und Gras.

Da hat sich Galileo erst mal die Folterinstrumente angeguckt.
Und dann hat er eingesehen, dass die Erde doch eine Scheibe ist.

Cromwell errichtete eine Millidiktatur.

Die Menschen flüchteten in die Städte, denn dort mussten sie nicht mehr arbeiten sondern gingen halt einkaufen.

Gustav Adolf musste Angst haben, dass ihm der Rücken abgeschnitten wurde.

Ludwig XIV behauptete er sei Gottes Nachfolger, nur wegen dem durfte fast kein Pfarrer mehr eine Predigt halten.

Pfalzen sind Rastplätze für Könige.

Die alten Burgen am Rhein sind zugrunde gegangen, durch die umliegenden Leute.

Als Voltaire zu bissig wurde, schickte ihn Friedrich der Große nach Paris zurück.

Sie konservierten über das Wetter und andere Dinge.

LEHRER: »Welcher Franzose hat sich selbst zum Kaiser gekrönt?«
SCHÜLER: »Beckenbauer?«

Napoleon versenkte England mit Schiffen.

So wurde England eine vorwurfsvolle Monarchie!

Die Russen wandten ihre altbewährte Taktik an. Sie zogen sich in ihr Innerstes zurück.

FRAGE IM TEST: »Was waren die Errungenschaften
    Napoleons?«
ANTWORT: »Die Einführung des Kot Napoleon.«

Ich kann Revolution nicht definieren, aber es war
eine Revolution, als die Chinesische Mauer in Berlin
zusammengefallen ist.

In der Zeit, als die Revolution war, herrschte Not und
Elend. Es gab auch Misternten.

Vor dem 20. Jahrhundert gab es keine großen Städte.

Im Jahre 1900 kam es zur Jahrhundertwende.

Am 28. Juni 1914 wird ein Untergrundkämpfer vom
serbischen Thronfolger ermordet.

Es wurden Zeppelinflüge durch den ganzen Erdball
gestartet.

FRAGE: »Was geschah mit Danzig nach dem Ersten
    Weltkrieg?«
ANTWORT: »Er wurde erschossen.«

Das Ergebnis der russischen Revolution ist, dass
Deutschland endlich einen Kaiser hat.

Lenin wird zuerst eingestellt und dann Zar.

Das Jahr 1919 nennt man auch die Goldenen Zwanziger.

Vorher hat der Reichstag gebrannt wobei mehrere Gesetze zerstört wurden.

FRAGE: »Womit haben wir uns in der letzten Stunde beschäftigt?«
ANTWORT: »Wir haben gemacht, dass der Reichstag brennt.«

Die Besatzungsmächte, das waren die Briten, die Engländer und die Franzosen.

Nach dem Krieg durften die Deutschen keine Arme mehr haben.

Wann machen wir denn endlich die DDR, ich liebe diese Stadt.

1949 entstanden in Deutschland die Bundesrepublik und das Deutsche Demokratische Reich (DDR).

Kalter Krieg ist, wenn es in den Wintermonaten stattfand, oder es ziemlich kalt war.

Kennedy sterilisiert Berlin zur freiesten Stadt der Welt hoch.

M. L. King war ein Bürgerrechtsbewegler.

Leben die Germanen in Deutschland heute auch in Reservaten?

Es gibt keine Sklaven mehr, denen man jede Arbeit zuteilen kann, dafür gibt es die Putzfrau.

Ich hab eine Allegorie gegen Geschichte.

Ich bin genetisch aufgeladen

Man kann als Schüler jammern und klagen und manche Fächer als unsinnig empfinden, als reine Schikane, aber was kann man schon als junger Mensch ausrichten. Der Lehrer wird einem schnell klarmachen, dass jedes Schulfach seine Berechtigung findet – und nicht nur zur Sicherung des Arbeitsplatzes des Lehrers dient. Auch Geschichte! Und so macht man dann halt das Beste daraus und besinnt sich darauf, dass man ja auch seine eigene Geschichte hat, und man fängt an, darin zu graben, und findet dabei mitunter interessante Details.

X Meine Mutter wurde immer schwangerer.

Ich bin nicht von einem Kaiser geschnitten worden!

X Bald gibt es bei uns zu Hause Nachfuchs.

X Kurzerhand fuhren meine Eltern ins Adoptionshaus, um mir eine neue Schwester zu besorgen.

X Meine Tante möchte unbedingt Flamingo tanzen.

Seit mein Opa gestorben ist, werden Stall und
Scheune nicht mehr genutzt.

Ich möcht sterben wie mein Opa, friedlich
schlafend ... und nicht so schreiend wie sein
Beifahrer.

Meine Oma ist schon 104 Jahre alt und
immer noch nicht tot!

Ich möchte mich sehr herzlich bei den 50 €,
die du mir zum Geburtstag geschenkt hast,
bedanken.

Meinem Vater gelingt es, alle Schwierigkeiten, die sich
mir bieten, zu überwältigen.

Ich konnte die Mondfinsternis nicht sehen.
Mein Vater stand die ganze Zeit davor.

Wenn ich morgens im Bett liege, höre ich das Wasser
rauschen. Es ist mein Vater, der schon auf ist.

Für den Geburtstag meines Vaters hatte Mutter
besondere Gerüchte vorbereitet.

Zum Geburtstag habe ich einen reinrassigen
Mischlingshund bekommen.

Weil meine kleine Katze verletzt war, habe ich sie lange
gestrichen.

X Ich lese besonders gerne über Pferde, weil mich diese
oft ansprechen.

X Mein Pferd hat schon zweimal ein Fohlen gelegt.

X Jeden Tag muss ich um 6 Uhr meinen Aufstand machen,
damit ich rechtzeitig in die Schule komme.

In der Ferienzeit erhebe ich mich alltäglich nach
neun Uhr.

X Morgens putzen wir uns die Zähne, dabei darf auch
das Hinterteil nicht zu kurz kommen.

Und dann fahre ich Pferd.

X Immer wenn ich Karussell fahre, wird mir ganz
Schmetterling.

Der Jugendliche kann in Internet-Foren seine Interessen
mit Gleichgesinden teilen.

X Ich suche gerne Leute, mit denen ich geistig und
interlektuell auf einer Wellenlänge bin.

X Ich bin ein männlicher Vertreter unserer
Weltbevölkerung und habe deshalb keine besondere
Meinung über eine Creme.

X Wenn ich laut bin, soll ich leise sein, wenn ich leise bin,
misst meine Mutter mir die Temperatur.

Weil es meinen Großvater gegeben hat, ist meine Mutter ✗
gemacht worden.

Mein Opa kann auch stricken, er hängt nämlich an der ✗
Nadel.

Mein Opa ist am Kopf barfuß. ✗

In hohem Alter hatte er seine Liebe zum Pferd wieder
entdeckt, wovon ein kürzlich geborenes Fohlen Zeugnis
ablegt.

Mein Vater wollte im Sommer eine Falle aufstellen, ✗
weil er immer unsere kleinen Katzen frisst.

Oma und Opa haben Vögel. Sie schnäbeln gerne. ✗

Mein Opa hatte zwei Vögel im Vogelhaus und bekam
dieses Jahr Junge.

Das ist meistens so, dass die Großeltern netter sind ✗
als Oma und Opa.

Ich habe ganz genau zwei Brüder. ✗

Zum Geburtstag habe ich einen Raucherdackel bekommen. ✗

Der Hund meiner Großeltern ist ein Kokospanier. ✗

Im Urlaub wohnten wir auf einem Bauernhof im Allgäu,
kochten uns selbst und hatten viel Spaß mit den Tieren.

Während der neunstündigen Busfahrt musste ich aufs Klo. Danach gab es einen Stau.

Auf der Strecke lagen die normalen Haltestellen, aber auch ein paar Bedürfnishaltestellen.

Die ganze Nacht konnte ich vor Freude nicht schlafen. Schon um fünf Uhr ging es in die Hosen.

Beim ruinieren hatte ich große Schmerzen.

Am Morgen zog ich mich zuerst richtig schick an, und dann stand ich auf.

Nachdem ich geduscht hatte, ging es meinen Zähnen an den Kragen.

Wir marschierten so schnell, dass uns das Hemd am Gaumen klebte.

Für die Wanderung nahmen wir als Verpflegung Brot, Leberwurst, Limonade und unseren Bello mit.

Meine Mutter hatte Tee, Butterbrote und Äpfel bereitgehalten und erwartete ihre völlige Vernichtung.

Also musste ich meine ganze Tasche ausbacken.

Mein Rucksack hat sich mit der Farbe Rot abgesetzt.

Als mein Freund versuchte, den Ballon zu fangen, platze er.

Wir sammelten die nassen Frösche von der Straße auf ✗
und brachten sie beim Teich um die Ecke.

Wir haben Pilze und auch brennendes Holz gesammelt.

Ich bin hingefallen und habe jetzt einen großen ✗
Blutaugust.

Mama tut der Rücken weh. Sie hat Bandscheibenverfall! ✗

Für heute Abend haben wir im Kino zwei Plätze ✗
renoviert.

Meine Familie lachte sich zu Tode. Daran denke ich gerne ✗
zurück.

Ich bin mit drei Schwestern groß geworden. Das waren ✗
auch alles Mädchen.

In meinem Zimmer steht neben dem Schrank eine kleine |
Komödie mit Schubfächern.

Neben meinem Schreibtisch hat |
ein Stuhl Platz genommen.

Ich rühre mich gern auf einem bequemen Sessel aus. ✗

Wenn ich mein Zimmer aufräumen muss, schäume ich
vor Mut.

Früher trug ich immer Nudeltops.

X Meine Schwester ist gestern vollzählig geworden.

X Meine Schwester wurde neulich in die Klinik gebracht,
denn alleine hätte sie das Kind nie zustande gebracht.
Der Arzt half ihr dabei.

X Mein Schwager hat im Kühlschrank seine Nüsse.

X *Ich machte vor Freude in die Luft.*

X Ich genieße die Ferien auf kosten meiner vereisten Eltern.

X Am Flughafen hat meine Mutter noch ein Parfüm im
Beauty-Free-Shop eingekauft.

X Meine Mama kommt bestimmt wieder später, weil sie
meine kleine Schwester noch einschläfern muss.

Meine Uhrgroßeltern lebten in einer anderen Zeit.

Als der Großvater peinlich wurde, wollten sie ihn
abschaffen.

Meine Großmutter war gestorben. Nach einiger Zeit
wurden die Erben verteilt.

Wir saßen vor dem Weihnachtsbaum und Opa trug alte
Weihnachtslieder.

X Mein Onkel ist ein dicker Mann. Er betrinkt sich nie,
aber er befrisst sich oft.

Mein Onkel arbeitet auf dem Markt und erledigt sein ✗
Geschäft dort immer im stehen.

Unser Cocktailspanier ist gestern nach dem Abendessen |
gestorben.

Nächste Woche zieht unser Haus nach München.

Es war Ende Oktober. Eine Nacht in der neuen Stadt.
Es war Juli und ich wurde siebzehn.

Wir können nun alle familiären Bedürfnisse in dem ✗
neuen Supermarkt befriedigen.

Wenn ich telefoniere, dann meistens mit dem ✗
Internet.

Neulich hatte ich den Lockenstab so tief drin – ✗
ich bekam ihn gar nicht wieder raus!

Ich zog auch meinen Oberkörper aus.

Seit Jahren züchtigen wir in unserem Garten Erdbeeren. ✗

Schon zwei Kabel biss der Hund durch, und das alles
innerhalb einer Woche. Der Vater war sauer. Gleich ✗
am nächsten Tag pinkelte er lustig auf den neuen Perser-
teppich.

Wir suchen eine nette Putzhilfe, die uns zweimal
wöchentlich sauber macht.

Wer mir das Geld gestohlen hat, kann ich nicht
sagen, weil aus meiner Verwandtschaft niemand
in der Nähe war.

Bei uns im Dorf sind nämlich alle miteinander
verwandt!

In unserer Familie gilt es als ungeschriebenes Gesetz,
dass wir stets alles friedlich lösen. Das wurde mir schon
als Kind eingebläut.

Ich habe zwei Brüder, zwei Schwestern und eins ist noch
in Betrieb.

Meine Schwester ist ein paar Meter älter als ich.

Jacques Cousteau ist mein Vorbild. Kennengelernt habe
ich ihn im Film.

Ich habe einen Holzschlitten aus Plastik.

Ich bin ziemlich radlos.

Mein Körper und ich legten uns auf das Strandtuch.

Furchterregend sehe ich mich um.

In mir stieg spanische Angst auf.

Panik ergriff mich, aber es blieb keine Zeit, sie näher
zu analysieren.

Ich fiel mit meinem Fahrrad in ein Loch und schlug mir
dabei ein zweites in die Stirn.

Vor lauter Angst brach mir der Scheiß aus allen Poren.

Als ich genau hinschaute, entdeckte ich Dreck an den
Felgen und am Hinterteil.

Es gibt Leute, die haben alle vier Beine ab und trotzdem
hüpfen sie wie die Blöden!

Diese Familie hat ein Kind amputiert.

Ich musste meine Mutter in der Türkei besuchen,
weil sie gestorben ist.

Das ganze Haus ist voll, die Gäste auch.

Der spuckende Geist spuckte und spuckte.

Entschuldigen Sie bitte, wo kann ich hier Orangensaft
finden – ohne Praeservative?

Da fällt mir ein Stern vom Herzen.

Als die Polizei kam, war das Boot bereits ertrunken

Man kann gegen die Schule sagen, was man will, aber sie hat die Aufgabe, aus ihren Schülern bessere Menschen zu machen. Und trotz mancher schweren Stunde in finsteren Klassenzimmern wissen die Schüler das und sie wissen es zu schätzen. So manch abschreckendes Beispiel ist jedem in seiner Schullaufbahn vor Augen geführt worden.

Das ist ein Krimi mit zwei Toten in vier Teilen.

Im Frühling findet man in den Teichen oft Leichen.

Die Polizei führt oft Stichproben in Diskotheken durch, bei denen immer wieder halbe Kinder angetroffen werden.

Zum Beispiel fahren die Frauen heutzutage mit dem Auto, was die Wahrscheinlichkeit von Straftaten erhöht.

Man kann auch sagen, dass heute der weibliche Alkoholkonsum ein Grund für Straftaten sein kann.

Können Sie mich mit Ihrem Auto mitnehmen oder X
sind Sie schon voll?

Es ist schwer, sich aus solch einer verkoksten Situation X
zu befreien.

Diese Verbrechen konnten begangen werden, X
ohne jemals hinters Licht geführt zu werden. X

In seiner Entwicklungsphase entwickelt er kriminelle |
Entwicklungen.

Ich hab gesehen, wie ein Fahrrad geklaut wurde, /
jedoch konnte ich nicht helfen.

Die Nacht war eben eingebrochen.

Plötzlich packte mich jemand von hinten und
drehte mich ruckartig zu mir um.

Ich bekam einen Schreckanfall X
und sie einen Heilkrampf.

Vor lauter Angst bekam ich einen Schweißausfall. X

Sie schlugen mich zu Boden, dass ich ohnmächtig
liegen blieb. Dann rannten sie einfach davon. Da habe
ich noch einmal Glück gehabt.

Der Dieb wurde nicht mehr gesehen, man weiß auch X
nicht, was er geklaut hatte.

Anhand der Fingerabdrücke fand die Polizei nicht viel heraus, außer dass der Dieb schwarze Haare hatte.

Kurze Zeit später wurde sie am Flughafen festgenommen und von zwei Polizisten abgeschleppt.

Eine Gruppe von Trickdieben konnte die Polizei am letzten Samstag festnehmen.

Als die Situation aussichtslos war, übergaben sie sich.

Er grub das Loch mitten in der Nacht mit einer hellen Lampe.

Der Einbrecher brach den Keller auf und verging sich an den Weinflaschen.

Der Einbrecher schmückte sein Haus mit lauter Diebstählen.

Ein zufällig ziviler Polizeibeamter betrat das Gebäude.

Der Polizist kommt aus Niedersachsen, denn er hat ein weißes Pferd auf dem Arm.

Der Einbrecher stieg mit dem Fahrrad durchs offene Toilettenfenster und entwendete wertvolle Perser.

Die Polizei kam mit Blaulicht angerannt.

Plötzlich klingelte die Tür und die Polizei nahm sie mit.

Der Täter wurde von zwei Polizisten umringt.

Der Einbrecher schoss auf den Polizisten, dann fluchte er.

Ein Schuss in den Fuß machte den Revolver gehunfähig.

Eines Tages brach ein Junkie in die Apotheke ein und verprügelte sie. Daraufhin fuhr sie nach Hause.

Erneut drang ein Anruf in die Polizeiwache ein.

Nachdem die Einbrecher die Dokumente gestohlen hatten kam es zu einer Schisserei.

Die Spuren wurden erwischt.

Im Hut des Verhafteten stand der Hutmacher.

Bei Eisunfällen muss sich der Einbrecher auf den Bauch legen.

Wenn ein Einbrecher in unsere Wohnung kommen sollte, halte ich mich ganz ruhig und bin ganz still und schreie nach meinen Eltern.

Dann kam der besargte Tag.

9 Tote bei Überfall gestorben.

Er wurde von zwei Männern überfallen und von einer Pistole bedroht.

Plötzlich merkte er, wie ihm jemand die Hand um den Hals würgte.

Der Räuber hielt dem Wirt ein Messer and die Kelle.

Der Geldbeutel steckte in seiner Hinterntasche.

Der Unhold zerrte sein Opfer hinter ein Gebüsch und zeigte ihm dort sein wahres Gesicht.

Die Polizei fuhr zu dem Haus und verhaftete den Kettenvergewaltiger.

Wenn jemand umgebrungen wird, ist das was anderes!

Die Toten wissen es auch jenseits, wer sich zuletzt um sie gekümmert hat. Und das vergessen sie ihm ihr Lebtag nicht.

Joe erschoss Frank. Der trug zum Glück eine kugelsichere Weste und starb nicht.

Das Mordopfer lag verletzt am Boden.

Er schleppte sich aus dem Haus, damit die Leute nicht merkten, dass er tot war.

Sieben Personen rannten in den Wald, darunter auch der Tote.

An seinem Mord war die Zeitung aber nicht alleine beteiligt, sondern auch der Ermordete selbst.

Zurück im Büro versuchten die beiden Kommissare, den Beruf des toten Taxifahrers herauszufinden.

Auf dem Polizeiposten behauptete er, die Leiche habe ihn erpresst.

Nach ein paar Minuten Verhör floss alles aus dem Mann heraus.

Er fing an zu stottern wie eine hackende CD.

Jeder Verbrecher verrät sich einmal selbst und wird dadurch ans Tageslicht gebracht.

Bei der Rechtswidrigkeit muss die Handlung nicht vorhanden sein, damit es strafbar ist.

Die Reifeverzögerung des Angeklagten ist so groß, dass er einem Jugendrichter gleichzustellen ist.

Es ist bewiesen, dass sehr viele Kriminalisten einen Rückfall haben.

Das Ziel der Terroristen war, möglichst viele Tote hervorzurufen.

Die Polizei hat auch Hubschrauber, falls im Himmel mal was passiert.

Über der Landebahn
kreißten die Hubschrauber

Will man die Schule erfolgreich überstehen, gehört dazu viel mehr als jeden Tag fleißig zu lernen und Prüfungen zu schreiben. Man muss vor allem einmal überleben, und die Gefahren lauern überall. Da kann auch ein Lehrer nur bedingt helfen. Immerhin kann er die Aufmerksamkeit schärfen. Und plötzlich wird die Physik dann doch irgendwie relevant.

Beide Pferde laden die Ärzte in den Hubschrauber, der sie in eine Tierklinik bringt.

Der Flugzeugabsturz in der Karibik neulich kam aus heiterem Himmel.

Während er tot am Fenster lehnte und winkte, rief der Pilot um Hilfe.

Ganz ruhig, niemand darf die Panik verlieren!

An einem Wintertag blieb Katharina M. allein zu Hause. Als plötzlich eine Lawine ausbrach schrie sie vor Angst und begrub sie.

Die Männer von der Bergwacht gingen los.
Als sie ihn fanden, lag er mit gebrochenem Glied
in einer Spalte.

Es wird immer wieder davor gewarnt, lawinengefährdete
Gebiete zu meiden.

Dadurch steigt die Zahl der Verkehrsunfälle
möglicherweise ins Bodenlose.

Denkt doch bitte einmal an die zahlreichen
Verkehrsunfälle. Darunter sind 30 Prozent zwischen
18 und 20.

Die österreichischen Straßen werden immer sichriger.

Die Zahl der Verletzten ist deutlich höher als die
Umfallzahl.

Bei dem Zugunglück gab es 12 Verletzte, 3 Tote und
17 tödliche Verunglückte.

*Die Straße vor unserem Haus
kann lebenstödlich sein.*

Ein von zwei Personen besessenes Fahrrad fuhr die
Straße entlang.

Der leichtsinnige Radfahrer war durch die nächtlichen
Straßen gefahren, ohne sein Hinterteil beleuchtet zu
haben.

Allzu oft berichten Schreckensmeldungen von Jugendlichen, die im Straßengraben ihre letzte Ruhestätte gefunden haben.

Ich will nicht eines Tages tot auf der Straße aufwachen.

Meist spielt auch Alkohol und Schlaflosigkeit am Steuer eine große Rolle.

Durch seine Geräuscharmut und seine ausgezeichnete Straßenlage läuft der Autofahrer Gefahr, am Steuer einzuschlafen.

Ein weiterer Grund der Unfälle ist das unüberlegt eine unübersichtliche Kurve schneiden.

Gestern war ein Mopedfahrer gerade auf der B1, als ein Auto auf die Gegenfahrbahn kam und ihn frontal rahmte.

Ein Umfallzeuge berichtet der Polizei.

Der LKW hatte einen schweren Schrank in die kleine Dachgeschosswohnung transportiert und dabei erheblichen Sachschaden angerichtet.

Einen tobenden Kleiderschrank würde die Mutter nie reinlassen.

Die Fahrt war an einem Baum zu Ende. Er starb unter Alkohol.

Bei einem Busunfall wurde der Schüler so schwer am Kopf verletzt, dass der Bus ins Krankenhaus eingeliefert werden musste.

Auf den Busen stand: »Fahrt ins Blaue«. X

Er lag schmerzend am Boden. Ein anderer half ihm und X brachte ihn zu jemandem, der ihm half.

Der 12 Jährige erlitt eine Gehirnwäsche und hat einen X Schürfwunde und musste in den Krankenwagen.

Die Ambulanz brachte den Missglückten in das Krankenhaus.

Der Schüler wurde in das barmherzige Krankenhaus der Brüder eingeliefert.

Ich hatte auch einen Helm auf. Aber ich glaube, X ich bin gar nicht auf den Kopf gefallen.

Wenn man keinen Helm trägt, ist die Chance auf eine X größere Verletzung nicht so hoch.

Durch den starken Gewitterregen war die Straße klitschig | und rutschte gegen einen Bordstein.

Plötzlich stand das Auto vor uns und mein Vater musste | korrupt abbremsen.

Der Autofahrer bremste quietschend.

Plötzlich verloren sie das Übergewicht und stürzten ins Wasser.

Wenn ein Schiff in Angst gerät, so wirft man einen Teil der Sachen über Bord.

Schnell ruderte er auf die Ertrinkende zu. Da sie bewusstlos war, nahm er sie sofort von hinten.

Sie wollten schnell hinaus. Doch die Tür rührte sich nicht vom Fleck.

Die linke hintere Tür des Fahrers war total kaputt.

Der Fahrer stieg erschrocken vom Auto.

Er konnte nur mit einer Bergeschere aus dem Frack geborgen werden.

Dem Umfallfahrer wurde eine Blutprobe abgenommen sowie die Verständigung der Hinterbliebenen.

Dem Fahrer wurde der
Führerschein entnommen.

Es war alles zu spät, Der Tote verstarb noch am Unfallort.

Auf dem Weg ins Krankenhaus starb der 30-Jährige. Er ließ sich vier Wochen später beerdigen!

Als er starb, ging eine Trauer herum.

Die Insassen der beiden Fahrzeuge kamen mit dem
Tode davon.

Die 18jährige Irene kam mit tödlichen Verletzungen
davon, aber der 19jährige Franz erlitt eine Gehirn-
durchblutung und starb kurz nach der Einlieferung ins
Kreiskrankenhaus.

Nach dem Unfall erniedrigte die Polizei die Höchst-
geschwindigkeit.

Plötzlich hört sie den Lärm einer Sirene an ihrem Haus
vorbeifahren.

Es dauerte eine Stunde, bis die Feuerwehr den Brand
gelegt hatte.

Die Feuerwehrleute löschten bald ihren Brand.

Wir waren heilfroh, dass wir so ein Unglück nicht mehr
überleben mussten.

Krankheiten ärztlicher Art habe ich noch nie gehabt

Das Schicksal kann auf tausenderlei unterschiedliche Arten zuschlagen, und da ist es dann gut, wenn man ihm etwas entgegenzusetzen hat. Zunächst einmal muss man die Risiken kennen, um sie zu vermeiden. Im Fall der Fälle, wenn alle Vorsichtsmaßnahmen nicht gegriffen haben, bleibt dann nur noch, die Lage unter Kontrolle zu halten. Der Erste-Hilfe-Kurs in der Schule ist aber nur der erste Schritt. Man sollte nicht vergessen, dass die Schüler von heute die Ärzte von morgen sind, und da ist es beruhigend zu sehen, welch gute medizinische Vorkenntnisse bereits in jungen Jahren vorhanden sind.

Auf Grund wissenschaftlicher Erkenntnisse sterben Männer fünf Jahre eher als Frauen.

Arme Kinder sind doppelt so häufig krank wie gesunde Kinder.

Kinder sollen nicht mit Medikamenten spielen, denn diese können durch unachtsames Verschlucken krank werden.

Im Erste-Hilfe-Kurs haben wir die Wiederbelegungs-maßnahmen gemacht.

Der Sanitäter ist kein richtiger Arzt, nur ein flüchtiger Arzt.

Wenn man sich den Puls fühlt und kein Klopfen spürt, ist man tot.

Wenn der Verletzte einen Schock hat, soll er flach gelegt werden.

Im Körper ist es so, dass man ab einer gewissen Temperatur stirbt.

Wenn Menschen erfrieren wollen, dann müssen sie sich ja auch entsprechend kleiden.

Wenn ich Bauchschmerzen hätte, würde ich ein Tablett nehmen.

Bei einer Erkältung trinke ich heißen Tee und ein Erkältungsbad.

Franzbranntwein lässt die Fettschicht der Haut verschwinden.

Er holte einen Gips aus dem Erste-Hilfe-Kasten und wickelte ihn um die Wunde.

Er hat sich mit einer Krankheit desenfektiert.

Wenn er Asthma hätte, dann bekäme ich keine Luft.

Mir war das Glück beschwert, an diesem Tag krank zu sein.

Die Massage hat meinem Handgelenk auf die Beine geholfen.

FRAGE: »Wir haben Krankenhäuser, Ärzte, Apotheken.
  Wie kann man das zusammenfassen?«
ANTWORT: »Sanitäre Einrichtungen.«

Man kann Menschen medizinerisch helfen, z. B. durch
Genamputation.

Der Arzt schaut in sein Horoskop.

Ärzte operieren die Bevölkerung viel häufiger als ihre
Berufskollegen.

Sie spritzten dem Mann eine Betäubung ein.

Weil ich meinen Fuß gebrochen habe, habe ich jetzt
Schmerzen bei jedem Fehltritt.

Und morgen komm ich ins Krankenhaus, da werd
ich dann eingeschläfert!

Ostern war ich im Krankenhaus. Da haben sie mir
die Pupillen entfernt.

Und ehe ich's mich versah, lag ich unter dem
Operationstisch.

Damit mein Rücken nicht so schmerzt, ist er gepolstert.

Der Mann hat das Mädchen nach einem Autounfall im Krankenhaus kennengelernt.

Ihm musste der Fuß adoptiert werden. X

Erst wurde er operiert, dann ging er auf Kur und dann, X bekam er noch einen Verwesungsurlaub.

Nach ambulanter Behandlung konnte er seinen Finger X wieder mit nach Hause nehmen.

Sie brach sich das Rückrad und saß dann jahrelang im Rollstuhl.

Da fiel die Frau ins Komma. X

Vor der Operation wurde sie in eine Narkose gelegt.

Die Oma liegt im Krankenhaus, die hat ne kaputte X Bärenmutter!

Das Kreiskrankenhaus hat jetzt X eine Intimstation.

»So, jetzt bin ich fertig!«, sagte der Vater und I entband sich.

Ich war gestern beim Zahnarzt, da musste mein X Zahn eingeschläfert werden.

Mit dem Sauger werden Wasser, Blut und Zahnärzte
aus dem Mund gesaugt.

Mein Leiden würde jetzt ein Ende zubereitet,
dachte ich mir.

Mittlerweile ist jedes sechste Kind in Deutschland
zu dick! Mitte der 90er-Jahre war es nur jedes dritte.

Das lange Fernsehen könnte dazu führen,
dass sich die Noten in vielen Fächern verschlechtern
und man Durchfallgefährdet wird.

Jeder zweite Fernseher trägt heute eine Brille.

Wenn man kurzsichtig ist, geht man zum Optimisten
und lässt sich eine Brille verschreiben.

Lärm führt zu Depressionen, Kopfschmerzen und
Schaflosigkeit.

Wenn ein Kind aus Versehen Spüli getrunken hat,
sollte man auf keinen Fall noch mehr Spüli in den Hals
schütten.

Spüli darf man deshalb nicht erbrechen, weil man
davon Schluckauf bekommt.

Das Zeug ist hochgiftig! Ich kann Ihnen nur davon
abraten, die Finger davon zu lassen.

Viele Menschen sterben täglich. X

In Österreich gibt es 20 000 Tote, die rauchen. X

Rauchen ist gesundheitsschädlich. Im schlimmsten Fall X
kann es zu einer Beintransplantation kommen.

Rauchen schadet dem Orgasmus!

Viele Babies von rauchenden Müttern haben Fehlgeburten. X

Doch wie wollen sie verhindern, dass eine Frau während
der Schwangerschaft nicht raucht?

Ein starker Raucher bläst pro Jahr ein Motorrad in die Luft.

Ich bin für das Raucherschutzgesetz. X

In den Räumen ist das Rauchen und Führen von Hunden
verboten.

Bei der zweiten Zigarette blickt er kurz auf seine Oma
und zündet sie an.

Bei 0,2 prozentigem Blutalkohol ist schon die
Konzentration beeinträchtigt. Das entspricht dem
Genuss von 0,2 bis 0,3 ml Bier.

Nach einer Überportion Alkohol kann es ihn nicht
überraschen, wenn er am Morgen auf der Kegelbahn tot
aufwacht.

FRAGE: »Wozu wird Alkohol verwendet?«
ANTWORT: »Im Krankenhaus, wenn man jemanden in
Vollrausch versetzen muss.«

Viele 13jährige Mädchen nehmen sich den Ausweis von
deren 18jährigen Zwillingsschwestern und kommen so an
Alkohol. Da sie Zwillinge sind, kann man sie problemlos
verwechseln.

Die Schäden an den betrunkenen Fans würden durch ein
Alkoholverbot zurückgehen.

Wein hat auch seine guten Seiten! Er verbessert das
Kreislaufsystem und verringert die Lebenserwartung!

Ein weiterer Nachteil eines Verbots liegt daran,
dass es kein Durchsetzungsvermögen hat.

In meinem Haus gibt es keinen Alkohol
außer Cola und Fanta.

Curriculum ist eine Laufbahn, in der man läuft

Um gar nicht erst krank zu werden, sollte man sich möglichst fit halten. Einen wichtigen Beitrag hierzu leistet der Sport, der – und das ist irgendwie paradox – besonders wichtig für die Unsportlichen ist. Und für die ist Sport bekanntlich Mord. Aber was für die einen eine Qual ist, ist für die anderen ein reines Vergnügen, und somit unterscheidet sich der Sportunterricht nicht so sehr von anderen Schulfächern, wie man vielleicht glauben möchte.

Durch diese Sportarten halte ich meine Lunge am Laufenden.

Im Fitnessstudio macht man Pilatus-Übungen.

Ich habe heute siebzehn Liegestürze geschafft! X

Heute habe ich im Hofsprung eine 2 bekommen.

Beim Weitsprung wird vom Ende des Balkens bis zum springenden Punkt gemessen.

X Der Schüler ersprang sich eine Gehirnerschütterung.

X Er braucht nicht ganz zwölf Minuten für 100 m.

X Der Hundert-Meter-Lauf dauert einen ganzen
Nachmittag.

X 1896 entdeckte ein Franzose in Athen die alten
Olympischen Spiele.

X FRAGE: »Welche der klassischen olympischen Disziplinen
gibt es noch heute?«
ANTWORT: »Laufen und Meniskuswerfen.«

X FRAGE: »Wo treibst du gern Sport?«
ANTWORT: »Ich treibe es gerne im Schwimmbad.«

X Also, Schwimmen macht ja echt Spaß. Nur tauchen
möchte ich beim nächsten Mal lieber nicht. Ich krieg da
unten immer so schlecht Luft.

*Da ich in meinem Zimmer keinen Waldlauf
machen kann, gehe ich ins Freie.*

X Auch ein Schiedsrichter kann nicht alles sehen.
Er hat auch nur zwei Paar Augen.

Turnen fiel aus, weil nicht nur die Turnhalle, sondern
auch die Lehrkraft belegt war.

In der Beichte hilft uns Gott zu sündigen

Und dann gibt es im Leben noch die Dinge, die man nicht erklären kann oder erklären will, und für diese Dinge ist die Religion zuständig. Für die Schüler ist der Religionsunterricht schon so etwas wie der Vorgeschmack aufs Paradies, denn hier begeben sie sich auf dieselbe Stufe wie der Lehrer, sie müssen weder etwas beweisen, noch etwas begründen. Es ist einfach so, wie es ist, und wahre Stärke besitzt nur der, der die Dinge glaubt, wie unwahrscheinlich sie auch sein mögen. Und so mancher Schüler macht von seiner privilegierten Position eifrig Gebrauch und prüft die Glaubensfestigkeit des Religionslehrers. Manch einer soll dabei schon vom Glauben abgefallen sein.

Am Beginn der Welt war der Uhrgnal.

Erst kamen die Erdteile, dann die Pflanzen, zuletzt kamen die Menschen und andere Geräte.

Und das Wort ist Fleisch geworden und hat unter den Frauen gelitten.

Gott war fertig mit der Welt. Deswegen ist der
siebte Tag heilig.

Der Engel tötete die Erzgeburt.

Der Mann hatte sieben Söhne. Da gebar ihm der liebe
Gott endlich eine Tochter.

Gott schickte die Sinnflut.

Mose war der Sohn einer Frau, die zur Zeit der Tötung
von Israelitenbabys auf die Erde kam.

Moses wurde von Mutter Theresa geboren.

Die Frau dichtete Mose mit Teer und Pech ab.

Sie warf Mose gut eingepackt in den Nil.

Mose kam aus dem Brunnen und tränkte die Kühe.

Die Frau öffnete die Kiste und ein Junge kam weinend
heraus.

Die Dienerin Fragte: Soll ich eine Stillerin holen?

Als Mose Satt war, adoptierte sie ihn.

Mose wurde von einem Wolfsweibchen großgezogen.

Sobald Mose erwachsen war, ging er zu einem Dornbusch.

174

Der Rosenstrauch brannte.

FRAGE: »Wer führte das Volk Israel aus Ägypten?«
ANTWORT: »Jesus?«

Mose führte die Menschen durch den Sinai, weil keine
Brücke vorhanden war.

Gott sprach: »Dieser Boden ist häufig. Du kannst deine
Schuhe ausziehen.«

Das 1. Gebot: Es ist selbstverständlich, dass man nur
einen Gott neben sich hat.

Du bist der Herr, dein Gott. Du sollst keine anderen
Götter neben dir haben.

Die Bibel ist nicht ein gewöhnliches Buch wie andere
Leute.

Zuerst kam Markus und schrieb das Lukas-Evangelium.

*Auf Befehl des Augustus ist Christus
geboren worden.*

Pronzius Pilatus und Herr Rodes waren die Machthaber
in Israel.

FRAGE: »Wer weiß denn so ungefähr, wo Jerusalem
    liegt?«
ANTWORT: »Ich glaube auf jeden Fall rechtsrheinisch.«

Jesus wurde in einem Stahl in einer Griebe geboren mit Esel und Ox.

X Jesus ist der Allerwerteste.

Die Drei Könige, die haben Geschenke gebracht: Gold und Möhren und Bananen.

Eine Frau hatte einmal einen Jungen. Dann kam eine Durchsage, alle Jungen werden getötet.

SCHÜLER: »Ist Jesus eigentlich eine Frau?«
LEHRER: »Jesus ist jenseits von Gott und Frau.«

X LEHRER: »Was war Jesus von Beruf?«
SCHÜLER: »Christkind!«

Im Neuen Testament gibt es schöne Geschichten über Jesus. Zum Beispiel den Sehenden macht er blind.

X Lazarett, das ist doch auch in der Bibel, Jesus aus Lazarett, oder nicht?

Da kam der arme Sanitäter.

X Er reinigte seine Wunden mit Essig und Öl.

X Da stand Jesus auf und brachte Wind und Wasser zum Stillen.

Zacharias, das war doch der kleine Steuermann.

> **Wunder können für die heutigen Menschen 3 Sachen sein: z. B. Wenn man sein Handy wiederfindet, Naturkatastrophen, biblische Wunder.**

Petrus ging zur Türhüterin und wärmte sich.

Hinten im Hof zündeten sie ein Feuer an und Petrus saß mitten drin.

FRAGE: »Was ist der Unterschied zwischen Abendessen und Abendmahl?«
ANTWORT: »Abendmahl ist, glaub' ich, 'n bisschen länger.«

FRAGE: »Was sagte Jesus zu seinen Jüngern beim letzten Abendmahl?«
ANTWORT: »Guten Appetit!«

Jesus wurde von den Römern gejagt und letztendlich einbalsamiert in eine Höhle gesperrt. Nach drei Tagen ist er wieder auferstanden, wurde wieder von den Römern gefasst und ans Kreuz gehängt, das er zuerst einen Berg hinaufzerren musste.

Wir feiern Ostern, weil der Osterhase kommt.

LEHRER: »Am Ostersonntag ist Jesus wieder auferstanden.«
SCHÜLER: »Dann war er ein Zombie?«

Ich bin jeden Tag um 3 Uhr auferstanden.

X Jesus lebte bis zu seinem Tod.

Der Geist kam auf die Jünger herab und sie konnten
in ihrer Muttersprache sprechen.

X Der Heilige Geist ist eine Gabel Gottes.

Stefanus war der erste Merkturer. Dazu sagt man auch
Blutzeuger.

X FRAGE: »Wer weiß, was ein Märtyrer ist?«
ANTWORT: »Ein Auto mit mehr als einer Tür.«

Saulus war blind, aber er wurde von Hananias wieder
seetauglich gemacht.

*Er zog aus, um die Leute zu begehren,
damit sie an Gott glauben.*

Paulus bezieht sich auf die Bergpredigt und sagt,
von Luther unterstützt, der Christ müsse sich mit seiner
Religion abfinden.

X Wenn Jesus heute käme, würde er sich als Schulrat ausgeben.

X Die fünf großen Weltreligionen sind: Christentum,
Judentum, Müslimum, Buddhismum, Hinduismum.

X Die Israeliten hatten 7 Armleuchter.

Was Juden zum Pessach-Mahl brauchen: Wein, ungesäuertes Brot und einen jungen Juden.

Juden essen an Passach Radischen in Salz eingerollt und Brot ohne Mehl, Meeresfrüchte und gesättigtes Brot.

Im April feiern wir den Kraftfreitag. X

Die Woche vor Ostern ist die K-Woche.

Kirche ist sowas Ähnliches wie eine Filiale von einer Bäckerei. X

Die Kirche ist dafür berüchtigt, die Menschen heilig zu machen.

Die Kirche tauft die Kinder auf den Namen des Vaters, des Sohnes und des Heiligen Geistes.

Es wird beim Taufen der Segen Gottes über diejenige oder denjenigen ausgesprochen, indem man ihn mit dem X Wasser kreuzigt.

Früher wurde man bei der Taufe in ein großes Becken untergetaucht. Heute wird man nur noch bewesert. X

Wer getauft ist, ist offiziell gläubig. X

Ich bin nicht geteufelt. X

Ohne Brot und Wein kann man nicht leben. Es sind Leibgerichte der Christenheit.

X Am Aschermittwoch und Freitag darf man kein Fleisch essen außer einem Schwerkranken.

X Die Christen lieben sich auch unterwegs.

X Außer den Christen gibt es auch noch Katholiken.

Die Katholiken hatten auch schon vor 1618 Probleme mit den Evangelien!

X Es gibt nur in der katholischen Kirche das Weihwasser zum Kreuzigen.

Auf dem Vatikan ist die Peterskirche, und da wohnt der Papst drin.

X Die Vatikäne wählen den Papst.

X Der Papst wird von den Kannibalen gewählt.

X Der Papst ist wie ein zweiter Gott. Obwohl er katholisch ist, hat er viele gläubige Evangeliten um sich herum.

X Beim Konzil treffen sich Päpste, Bischöfe und Kanäle.

Der Hitlerbrief der Bischöfe wurde verlesen.

X Das Zölibat ist eine Kiste, wo die Hostien drin aufbewahrt werden.

Der Bischof weiß, dass seine rechte Hand für frauliche
Reize sehr empfänglich ist.

Wenn man Bischof ist, kann man keine Kinder kriegen.

Priester durften nicht frei gebären.

Das Kind ist die Nachgeburt von Jesus!

Dogma ... so heißt meine Tante.

Jahrelang hatte sie sich ein Baby gewünscht.
Nach einer Audienz im Vatikan klappte es endlich.

LEHRER: »Welches Sakrament kennst du?«
SCHÜLER: »Das Sakrament der Priesterweiche.«

Bei der Weihe wird man geweiht, damit man geweiht ist.

LEHRER: »Wie heißen die sieben Sakramente?«
SCHÜLER: »Kommunion, Firmung, Ehe, Taufe, Buße,
    Scheidung.«

FRAGE: »Was sind Kardinaltugenden?«
ANTWORT: »Naja, kein Sex und sowas.«

Die Mönche führten ein streng geregeltes
Leben; sie mussten sich selbst kastrieren.

Der Klostervorsteher ist der Bischof,
sein Vertreter ist der Papst.

> **FRAGE:** »Habt ihr denn nicht auch evangelische
> Schüler in eurer Klasse?«
> **ANTWORT:** »Nein, zwei Linkshänder und ein fußball-
> spielendes Mädchen reichen doch wohl!«

Ich bin kein Christ, ich bin römisch katholisch.

FRAGE: »Welche Konfessionen gibt es?«
ANTWORT: »Katholische und Prostituierte.«

Erzeuger sind Tiere, die sich Protestanten nennen.

Die Evangeliken haben nur Konfirmation.

Ich bin evangelisch getaucht und hatte auch schon
meine Konfirmation.

Martin Luther machte einen Thesenanschlag auf die
Reformation.

Martin Luther lebte in einer Eishöhle und musste jeden
Tag von dort nach Köln in die Schule laufen.

Martin Luther war gegen die Vergebung der Sünden
und den Ablasshandel.

Ein Ablass ist ein Brief, den die Sterbenden kauften,
um nicht in der Höhle verbrannt zu werden.

Pfarrer müssen täglich 2 Stunden in die Nervenheil-anstalt.

Der neue Pfarrer hat eine Frau, und die hat einen zwei Wochen alten hübschen Lausejungen bekommen.

Heute leiern wir Gottesdienst.

Man sollte in den Gottesdienst, damit man mindestens einmal in der Woche an Gott glaubt.

Am Sonntag habe ich einen ökomanischen Gottesdienst besucht.

Man muss ein paar Stufen überwältigen, wenn man in die Kirche gehen will.

Die Kirche hat mich sehr bewundert.

Wir haben das Vaterunser in Gebärmuttersprache gelernt.

Als Emil aus dem Beichtstuhl kam, hatten die ihn wieder rein gewaschen, und er strahlte wie ein Putzeimer.

Dann folgte der Auszug aus der Kirche. Beim Ausziehen segnete der Pfarrer die Gemeinde.

Man geht zur Kirche um »Kontakt« mit Gott zu haben. Oder manche auch nur als »Hobby«. Meistens Rentner, die sowieso nur zuhause herumsitzen und nichts mehr zu tun haben.

Am Karsamstag gehen wir in die Kirche und lassen
die Osterspeisen taufen.

FRAGE: »Was feiern wir an Weihnachten?«
ANTWORT: »Sankt Martin.«

Morgen ist heimlicher Abend!

Am 24. Dezember schmücke ich meinen
Weihnachtsbauch.

Nach dem Dreikönigstag nehmen wir den Adventskranz
ab, denn dann haart er.

Deshalb kommt einmal die Woche jemand der
mit den Bewohnern sinkt.

Lass Dich nicht von Deinen Sorgen umbringen –
Lass uns als Gemeinde helfen.

Liebe Frauen, vergesst nicht den Gemeindeflohmarkt!
Es ist eine Gelegenheit, all das loszuwerden, was im
und ums Haus nicht mehr gebraucht wird. Vergesst eure
Ehemänner nicht!

Ich bin allgemein gegen die christliche Kirche, egal,
ob evangelisch oder kommunistisch.

Marx sagt, das Opium sei die Religion des Volkes.

Schon bald ist nämlich unser Tempel tot.

FRAGE: »Wie heißen die Anhänger des Islam?« ✗
ANTWORT: »Perlen!«

Mohammed war der Sohn eines reichen ✗
Bettvorlegers.

Minarett war, glaube ich, die Frau von Mohammed. ✗

Den Gebetskasten in Mekka nennt man Kaba. ✗

Frauen und Menschen ist es nicht erlaubt, gemeinsam
zu beten.

Das Kopftuch in Deutschland ist nur bis zur 4. Klasse
verboten.

In Granada lebten Juden, Christen und Islamisten ✗
friedlich zusammen.

Die Buddhisten wohnen in Budapest. ✗

Zu welchem Kasten gehörte Gandhi? ✗

Fruchtigkeitsgötter gaben gute Ernten.

Gott ist ein Löffel. Es heißt doch immer: ✗
Gott der Schöpfer.

Man soll den lieben Gott einen guten Tag sein lassen. ✗

Bei der Krankensalbung wird ein Toter eingesalbt.

Gott kann nicht krank werden. Der lässt doch die Bakterien gar nicht zu sich hoch!

Im Himmel leben Millionen von Toten.

Das Leben auf der Erde entscheidet ob der Mensch im Paradies oder in der Hölle kommt.

Danke mir, oh Gott, dass du mich so wunderbar erschaffen hast!

Das Allgemeinwissen
wird weitergebildet

Alles in allem muss man sich um die Schüler von heute genauso wenig Sorgen machen wie um die Schüler vor 100 oder vor 1000 Jahren, denn am Ende ihrer Schullaufbahn oder sogar noch mittendrin kommen viele von ihnen zu Einsichten und Schlussfolgerungen, die man einfach nur in ihrer schlichten Eleganz stehen lassen möchte, ohne ernsthaft zu widersprechen. Die Lektion wurde gelernt.

Man muss erst überlegen, bevor man nachdenkt.

Dieser Teil erklärt den Teil, den man nicht erklären kann.

Die Wünsche des Menschen sind unantastbar.

Der Baum fällt nicht weit vom Stamm.

Der Sohnt zweigt von seinem Vater ab.

Babies werden nach der Geburt nicht nur ver-, sondern auch entsorgt.

Die Kinder wurden früher von Armen aufgezogen.

X Waisen sind Kinder, die noch nie Eltern hatten.

X Frauen werden öfter krank, die Männer gehen gleich hops.

X *Jede zweite Frau liegt unter 1.000 Euro.*

Jedes 3. Unternehmen gründet eine Frau.

X Mädchen und Jungen sind gleichberüchtigt.

X In Diskotheken können die Jugendlichen sich baumeln lassen.

X Auf der Tanzfläche bewegen sich die Tanzenden wie Götterspeise hin und her.

X 38 Prozent aller Studentinnen sind weiblich.

X Man muss verheiratet sein, um einen Busen zu bekommen.

X An der Uni kann man dann seinen Doktoranten bekommen.

X Ein Freund kann schnell zum Allerwertesten eines Menschen werden.

X Die Mobbingratte sinkt.

X Jeder vierte Chinese ist ein Mensch.

In 30 Jahren werden die jetzigen Neugeborenen ✗
so um die 30 Jahre alt sein.

Je älter der Mensch wird, umso goldiger werden ✗
seine Zähne.

Die 65jährigen werden auch immer älter. ✗

Blinde sehen nur schlecht! ✗

Motorradfahrer haben ähnliche Arbeitszeiten
wie Normalbürger.

> **Auf der Kirmes ist die Wahrsagerin immer
> besonders stark umlagert, weil alle in ihr Geheimnis
> schauen wollen.**

Eine Hexe ist eine Prinzessin, die auf einem Besen
reitet.

Der schlimmste Nachteil der Todesstrafe ist der Tod. ✗

Im Moor haben viele Leichen überlebt.

Gespenster leben auf einem anderen Planeten,
sie sind bei uns schon ausgestorben und bestehen
aus Augen und Luft.

X Columbus hat die hartgekochten Eier erfunden.

X Leonardo di Caprio zeichnete 1409 den ersten
Panzerwagen.

X In England ist die Königin immer eine Frau.

X Die Queen fuhr in einer offenen Kartusche.

Windos ist von Bill Gaze.

Die Suche nach einem Nachfolger gestaltete sich
schwieriger als erhofft.

X Die Kaltwasserbehandlung hat Kneipp besonders warm
empfohlen.

Gletscher stürzen ins Meer und ärgern dann die Schiffe ...
wie die Titanic.

Viele Menschen ertranken als die Titanik sang.

X Der Mutige bekommt den Rum.

X Ein Fremdenverkehrsamt ist sowas wie eine
Terroristeninformation.

Die römische Uhr war ganz merkwürdig. Sie fing an bei
Sonnenaufgang und ging unter bei Sonnenuntergang.

Alles hat einen Anfang, ein Ende und ein Mittelding.

Das Wochenende hat vier Tage, wenn man die Nächte mitzählt.

Es heißt nicht Wettsaufen, es heißt Kampftrinken!

Eine Fahne ist grün und gelb und schwarz ... die ist von Basilikum.

Im Herbst fällt das Laub von den Blättern.

Zwei Tornados kann man nicht teilen.

Das Schild heißt Stopp, Vorfahrt gebären.

Wenn man nach links abbiegen will, muss man die linke Hand raushalten und sich auf die Mitte der Straße setzen.

Ein Dispokredit ist ein Kredit mit niedrigem Darlehen.

Aktien kann man nicht erwerben, wenn man minderwertig ist.

Ein Haustürgeschäft ist ein Geschäft wo Haustüren verkauft werden.

Da beißt sich die Katze in den Sack.

Trinkwasser gibts in Flaschenform in jedem Supermarkt.

Die Verunschmutzung wird vom Fett nicht transportiert.

Ein Amulett ist ein abergläubisches Symbol.

X Eine Diskette darf nicht ins Wasser, weil sonst die Daten
verschwimmen.

X Eine genagelte Schraube hält besser als ein
geschraubter Nagel!

Ein Fußball ist was, wo man Luft reinblasen kann.

Die billigen Skates sind schlechter als die guten.

Ein Küchenstuhl ist ein Stuhl zum Essen.

X Ein Fahrstuhl ist ein Aufzug zum Stehen.

Wenn man vor dem Lift steht, blinkt ein orangenrotes
Licht in den Augen.

X Ein Handy ist ein möbliertes Telefon.

X Die Garantie erlischt, wenn das Gerät erbrochen wird.

X Zu Hause auf den Abort gehen ist schmackhafter
als im Zug.

Wenn der Schnee schmilzt, reißen die Bäche aus.

X Gelben Schnee darf man nicht essen!

Du bist von deinen Quallen erlöscht.